DESCRIPTION

DU CANAL DE SAINT-DENIS

ET

DU CANAL SAINT-MARTIN.

DE L'IMPRIMERIE DE RICHOMME,

RUE SAINT-JACQUES, N°. 67.

(avec un atlas in fol.)

Vente

Atlas gr. in f° . . . . .

V 1697

9 E 5   Inv. 9979

9 E 6   Inv. 622

9979

DESCRIPTION

D U

CANAL DE SAINT-DENIS

ET

DU CANAL SAINT-MARTIN,

PAR M. R.-E. DE VILLIERS,

INGÉNIEUR EN CHEF DES PONTS ET CHAUSSÉES, ET MEMBRE DE LA COMMISSION D'ÉGYPTE,
DE LA LÉGION-D'HONNEUR.

PARIS,

CARILIAN-GŒURY, Libraire des Corps royaux des Ponts et Chaussées
et des Mines, quai des Augustins, N°. 41.

1826.

DESCRIPTION

DU CANAL DE SAINT-DENIS

ET

DU CANAL SAINT-MARTIN.

Les canaux de Saint-Denis et Saint-Martin ne sont, à proprement parler, que les branches d'un canal à deux versans, dont les eaux se partagent au bassin de la Villette. Leur ensemble a pris le nom de canal de la Seine à la Seine, parce qu'il réunit ce fleuve, au-dessus de la capitale, à son cours inférieur près de Saint-Denis.

Le canal Saint-Martin débouche immédiatement au-dessous du pont du Jardin-du-Roi, en passant à travers la gare de l'Arsenal.

Le canal de Saint-Denis débouche dans la Seine, à la Briche au-dessous de Saint-Denis, à trente mille mètres de l'entrée du canal Saint-Martin, cette distance étant mesurée suivant le cours du fleuve. Le canal de la Seine à la Seine, n'ayant que douze mille mètres environ de développement, abrège donc le voyage de dix-huit mille mètres; et de plus, évite le passage de quinze ponts, sous quelques-uns desquels, parmi les dix qui sont dans Paris, le remontage est impraticable. Le canal de la Seine à la Seine a vingt et une écluses dont neuf vers Paris, et douze vers Saint-Denis. Il franchit, en temps d'étiage, une montée de 26ᵐ. 08ᶜ. en amont, et de 30ᵐ. 15ᶜ. en aval. Il peut servir à garer, en toutes saisons, plus de quinze cents bateaux de différentes dimensions, dont les chargemens seront, en grande partie, à la portée des consommateurs.

L'eau nécessaire à la navigation et aux usines que l'on établira, arrive au point de partage par la dérivation de l'Ourcq, qui doit, en outre, conduire aux fontaines de Paris un volume d'eau tel que cette capitale n'aura désormais, sous ce rapport, rien à envier à ses rivales. Les travaux du canal de l'Ourcq ne m'ayant occupé spécialement que peu de temps, il ne m'appartient pas d'en parler. Je puis, au contraire, donner avec quelque confiance la description des travaux du canal de la Seine à la Seine, que je n'ai pas

perdu un seul instant de vue, depuis leur origine jusqu'à leur entier achèvement. C'est l'objet de cet écrit et des quatorze planches qui l'accompagnent.

Je donne successivement pour chacun des canaux, le plan et le nivelle-
ment général, les plans particuliers, les plans et coupes des écluses, les détails de leurs portes, les ponts mobiles et les ponts fixes.

La dernière planche du canal Saint-Martin contient aussi les détails des
égouts dépendans du canal, qui, par leur importance, méritent une attention
particulière. Le texte renferme, outre les explications des planches, des
observations sur les fondations et quelques détails de construction, ainsi
que des renseignemens sur les machines employées pour la fabrication du
mortier, les dragages et les épuisemens. Il fait connaître aussi les matériaux
qui ont été mis en œuvre, les accidens qui sont survenus pendant l'exécution, les modifications apportées au projet général, et enfin, les difficultés
extraordinaires qui se sont rencontrées pour l'exécution du canal Saint-
Martin, lequel est construit, presque en totalité, dans l'intérieur de Paris.

Toute discussion sur les avantages de ces canaux est désormais inutile;
l'expérience confirmera de plus en plus ce que l'on a dit en leur faveur;
car déjà elle ne laisse plus de doute sur leur utilité, malgré les chômages
trop longs et trop fréquens qui résultent uniquement de ce que le canal de
l'Ourcq ne fournit pas encore, en toutes saisons, l'eau nécessaire à la navigation. Cet état de choses ne peut pas durer, puisque le canal de l'Ourcq est
achevé, que toutes les difficultés administratives sont enfin levées, et que
les travaux restant à terminer, afin de rendre ce canal étanche, sont trop
peu importans pour que l'on n'ait pas la certitude de voir bientôt un succès
complet couronner également les trois entreprises.

DESCRIPTION

DU CANAL DE SAINT-DENIS.

PLANCHE PREMIÈRE.

Plan général et profils du Canal.

FIGURE 1re. *Plan général.*

a. Gare demi-circulaire, servant de prise d'eau dans le canal de l'Ourcq. Depuis cette gare jusqu'au bassin de la Villette, on a élargi le canal de l'Ourcq, afin qu'il pût donner passage aux bateaux de 7^m.,80^c. de largeur, qui naviguent sur le canal de Saint-Denis.

b. 1re. et 2e. écluses accolées, de 2^m.50^c. de chute chacune. Sur les portes d'amont de la première écluse il existe une passerelle (*voyez planche 6 , figures* 14, 15 et 16) qui établit une communication entre les deux rives du canal de Saint-Denis, en continuation du chemin de halage sur la rive droite du canal de l'Ourcq. Le busc des portes d'amont de la première écluse, qui avait été placé à 2^m.30^c. du dessus des bajoyers, a été descendu depuis à 2^m.50^c., pour le mettre en rapport avec celui de la première écluse du canal Saint-Martin.

c. Gare rectangulaire, formant le premier biez du canal. L'élargissement de ce biez est motivé par son peu de longueur, qui, sans cela, l'aurait exposé à de trop grandes variations dans la hauteur de l'eau, par l'entrée ou la sortie successive de plusieurs bateaux : sa longueur est de 136^m. 20^c.

d. 3e. et 4e. écluses accolées, de 2^m. 50^c. de chute chacune. A la suite de la 4e. écluse est un chenal qui s'étend jusqu'au pont de la route de Flandre. Ce chenal était nécessité par l'obligation de faire passer les chemins de halage sous le pont, sans exhausser la route, et sans donner une pente trop considérable à ces chemins, ce qui exigeait qu'il y eût une certaine distance entre la 4e. écluse et le pont.

e. Pont de la route de Flandre. Il existe deux chemins de halage sous le pont, en continuation de ceux du canal, et quatre rampes à ses abords, savoir, deux en amont et deux en aval, pour la communication des chemins de halage du canal avec la route de Flandre. Les rampes d'aval ont été prolongées beaucoup plus que cela n'est indiqué au plan ; et, par conséquent, suivant des pentes plus douces, uniquement pour trouver l'emploi d'une grande quantité de déblais provenant du canal.

f. 2e. biez. Sa longueur est de 808^m. 90°. En 1815, ce biez a été élargi de trois mètres sur la rive gauche, aux dépens du chemin de halage, depuis l'extrémité des rampes d'aval du pont de la route de Flandre, jusqu'à la 5e. écluse. Les terres provenant de ce déblai ont servi à élever un parapet qui faisait partie du système général de fortification de Paris. (*Voyez, figure 3, le tracé ponctué du parapet et de l'emprunt de terres dans le canal.*) Lors de la destruction de ce parapet, les déblais ont été régalés sur le chemin latéral du canal, afin de l'élever au-dessus des terrains cultivés.

g. 5e. écluse, de 2^m. 30e. de chute.

h. 3e. biez. Sa longueur est de 1088^m. 00e. En 1815 il a été élargi de trois mètres comme le 2e. biez ; et par les mêmes raisons.

i. 6e. écluse, de 2^m. 30e. de chute. Sur les bajoyers de cette écluse, prolongés à l'aval, est un pont-levis servant à la communication du village d'Aubervilliers avec la portion de son territoire situé sur la rive gauche du canal, et avec Paris, par un chemin aboutissant à l'une des barrières de cette ville.

k. 4e. biez. Sa longueur est de 673^m. 40e. En 1815, il a été élargi de trois mètres, comme le 2e. et le 3e., et par les mêmes raisons.

l. 7e. écluse, de 2^m. 30e. de chute.

m. 5e. biez. Sa longueur est de 1309^m., mesurée sur la rive droite ; sur la rive gauche de 1334^m., et au milieu de 1321^m.50e. En 1815 une partie de ce biez avait aussi été élargie de trois mètres, comme les 2e., 3e. et 4e., et par les mêmes raisons ; mais les terres provenant de la démolition du parapet ont été remises à leur première place, et le canal a été rétabli dans sa largeur primitive.

n. Huitième écluse de 2^m. 30°. de chute.

o. Pont sur la grande avenue de Saint-Denis, qui fait partie de la route royale, n°. 1, de Paris à Calais. Il existe deux chemins de halage sous le pont, et quatre rampes à ses abords, savoir : deux en amont et deux en aval pour la communication des chemins de halage du canal avec la route de Calais.

p. Bassin de Saint-Denis faisant partie du sixième biez du canal, lequel a

1370^m. de longueur sur la rive droite; sur la rive gauche, 1420^m., et au milieu, 1395^m.

Sur la rive droite du canal, entre les deux routes, est un port de 40^m. de largeur pour le dépôt des marchandises. L'angle formé par les deux routes, est divisé en deux parties égales par une avenue plantée de quatre rangées d'arbres, qui établit une communication directe entre le port et la ville de Saint-Denis. Si cette avenue était prolongée dans Saint-Denis, elle passerait devant la maison royale de la Légion-d'Honneur et sur la place de la Basilique. Elle produirait un très-bon effet; tôt ou tard elle s'exécutera, car elle est d'un intérêt général. Les terrains existans entre la route de Calais et de la Révolte, et qui ne sont pas occupés par l'avenue, sont aussi des dépendances du canal, et sont réservés pour des établissemens à fonder dans les intérêts de la navigation et du commerce.

Sur la rive gauche du canal, les rampes qui communiquent des chemins de halage avec les routes, ont 15 mètres de largeur, et pourraient, au besoin, remplacer provisoirement ces routes, si l'un des deux ponts se trouvait coupé.

q. Pont de la route royale, n°. 14, de Paris au Hâvre, dite de la Révolte. Il existe sous ce pont deux chemins de halage et quatre rampes à ses abords, savoir : deux en amont et deux en aval pour la communication des chemins de halage du canal avec la route de la Révolte.

r. Neuvième et dixième écluses accolées, de 2^m.30^c. de chute chacune. A la suite de la dixième écluse, et sur ses bajoyers prolongés, est un pont-levis servant de communication entre Saint-Denis et le hameau de la Maison-de-Seine, situé en face de l'île Saint-Denis, sur les bords du fleuve.

s. Septième biez de 482^m.55^c. de longueur. La partie en aval sur 300^m. de longueur a été revêtue en terres franches remblayées par petites couches, pilonnées et battues (voy., *figure 3*, *le profil de ce revêtement*), afin d'arrêter les filtrations qui se faisaient dans le nouveau lit du Crou, et qui y occasionnaient des éboulis. Pour contenir les terres à l'avenir, on a fait de plus quelques clayonnages et des plantations de saules et d'ozier dans les talus.

La route qui conduisait de la Maison-de-Seine au moulin de Brise-Échalas, a été supprimée et remplacée par une route latérale établie sur la rive droite du canal, depuis le pont de la 10°. écluse, jusqu'au moulin.

L'ancien lit du Crou a été remblayé, et l'on a ouvert à ce ruisseau un nouveau lit qui débouche dans la Seine en aval du canal. En face de la reillère du moulin, on a construit un perré circulaire pour détourner le cours de l'eau, et préserver la berge; ce perré n'est élevé que jusqu'à la hauteur à laquelle la crue des eaux de la Seine arrête par son gonflement la marche du moulin. (Voy., *fig.* 3, *le profil de ce perré.*)

t. 11ᵉ. et 12ᵉ. écluses accolées, la première de 2ᵐ. 30ᶜ. de chute, et l'autre de 2ᵐ. 70ᶜ. A la suite de la 12ᵉ. écluse, et sur ses bajoyers prolongés, est un pont-levis pour le service du chemin de halage de la Seine. Ce pont est élevé au-dessus des plus grandes eaux de 1740. Des digues de la même hauteur enveloppent la partie du canal creusée dans les terrains naturels qui ne sont pas au-dessus de ce niveau.

Les berges sont soutenues en amont et en aval par des perrés; ceux d'aval sont prolongés jusqu'à la Seine, et forment des musoirs à l'embouchure du canal. Le perré de la rive droite est élevé jusqu'à la hauteur du chemin de halage, et se rattache à la culée du pont de fer sur le Crou. Le perré de la rive gauche s'abaisse successivement en partant de la 12ᵉ. écluse jusqu'au niveau des basses eaux. La berge de la Seine en amont du canal, a été conservée dans son état naturel.

u. Chenal en aval de la 12ᵉ. écluse. Sa longueur est de 125ᵐ. Il a été ouvert, au moyen de bâtardeaux et d'épuisemens, jusqu'à la Seine, et dans le lit de cette rivière, au moyen du *dredging-machine* importé d'Angleterre en 1819, et d'un bateau-dragueur manœuvré par des chevaux. *Voyez la note à la fin de cette description.*

v. Pont de fer sur le nouveau lit du Crou, pour conserver la communication du chemin de halage de la Seine. Ce pont existait sur l'ancien lit du Crou; on n'a fait que le déposer et le reposer sur de nouvelles culées.

Dans toute sa longueur, le canal est bordé de quatre rangées d'arbres. (Voy. *fig.* 3.) Les deux rangées intérieures sont plantées en ormes, et les deux rangées extérieures, en peupliers.

Sur le chemin de halage de la rive droite du canal, dans la ligne d'ormes, et de 500ᵐ. en 500ᵐ., sont placées des bornes portant des numéros et l'indication de la distance de ces bornes au canal de l'Ourcq. A toutes les inflexions et à tous les points remarquables de la ligne du canal, sont des bornes carrées, placées moitié sur le terrain appartenant au canal, et moitié sur le terrain riverain. La ligne de démarcation est tracée sur la tête de ces bornes. Le canal est d'ailleurs limité par une rigole de 30 centimètres de profondeur, entièrement creusée sur le terrain appartenant au canal, et qui est destinée à recevoir une plantation de haies vives. Sur la rive droite en amont des 5ᵉ., 6ᵉ. et 7ᵉ. écluses, et sur la rive gauche en amont de la 6ᵉ. écluse, dans les parties où le canal est en remblais, il a été ouvert des contre-fossés qui versent dans les biez inférieurs les eaux des filtrations. Ces contre-fossés sont placés entre les deux lignes d'arbres, et à leur extrémité inférieure, ils se retournent perpendiculairement à leur direction, et sont terminés par des pierrées couvertes qui passent sous les chemins de halage.

Sur la rive gauche du canal, depuis la route de Flandre jusqu'à la route de Calais, entre les deux lignes d'arbres, est un chemin de servitude en terre, destiné à remplacer, sur les territoires d'Aubervilliers, de la Villette et de Saint-Denis, les communications interceptées par le canal. Il a été classé parmi les chemins vicinaux du département de la Seine, depuis la route de Flandre, jusqu'à celle d'Aubervilliers à Saint-Ouen.

FIGURE 2. *Profil en longueur.*

Le plan de niveau auquel les côtes sont rapportées, est à la hauteur du chemin de halage du canal de l'Ourcq. La ligne d'eau de ce canal étant à un mètre au-dessous du chemin de halage, sa cote est. . . . . $1^m.00^c$.
Et celle du fond du canal de l'Ourcq. . . . . $2^m.50^c$.
La chute totale des écluses est de. . . . . $28^m.80^c$.
En sorte que la cote du fond du chenal de la 12e. écluse est. . . $31^m.30^c$.
Le fond du chenal de la 12e. écluse est à $1^m.15^c$. au-dessous de l'étiage, en sorte que la cote de l'étiage est. . . . . $30^m.15^c$.
La différence de hauteur des eaux du canal de l'Ourcq et de la Seine, en temps d'étiage, est donc de. . . . . $29^m.15^c$.

L'étiage est fixé à 3o centimètres au-dessous de celui du pont de Neuilly, et à 4o cent. au-dessous de celui du pont Louis XVI, lequel est à 85 cent. de l'échelle de ce pont. Ces différences entre les hauteurs de l'étiage en divers points, viennent de ce qu'elles n'ont pas été prises au même moment. Toutes les hauteurs d'étiage devraient être cotées *zéro.* En fixant l'étiage aussi bas à l'entrée du canal Saint-Denis, on a eu pour but d'établir l'écluse en Seine, de manière à faciliter, autant que possible ; son accès dans la saison des basses eaux.

a. Dessus du pont de la route de Flandre.

b. Dessus du pont de la route de Calais.

c. Dessus du pont de la route de la Révolte.

FIGURE 3. *Profil en largeur.*

On a tracé par des lignes ponctuées 1°. le parapet construit dans quelques parties du canal, en 1815, avec des terres prises dans la berge ; 2°. le revêtement du 7ᵉ. biez, le nouveau lit du Crou, et la digue qui les sépare ; 3°. la coupe du perré construit en face de la reillère du moulin de Brise-Echalas.

PLANCHE II.

Plans détaillés et profils des principaux ouvrages et des Perrés.

FIGURE 1ʳᵉ.

Plan de l'embouchure du canal de Saint-Denis dans le canal de l'Ourcq, des quatre premières écluses, du 1ᵉʳ. biez et du pont de la route de Flandre.

FIGURE 2.

Coupe en longueur de l'ensemble des travaux représentés en plan dans la figure précédente.

FIGURE 3.

Coupe des perrés en amont de la 1ʳᵉ. écluse.

FIGURE 4.

Coupe des perrés en aval de la 2ᵉ. écluse.

FIGURE 5.

Coupe des perrés en amont de la 3ᵉ. écluse.

FIGURE 6.

Plan de la 8ᵉ. écluse, des deux ponts et du bassin de Saint-Denis.

FIGURE 7.

Plan de l'embouchure du canal de Saint-Denis et du Crou dans la Seine, et des 11ᵉ. et 12ᵉ. écluses.

FIGURE 8.

Coupe en longueur sur l'ensemble des travaux représentés dans la figure précédente.

FIGURE 9.

Coupe des escaliers en aval de la 12ᵉ. écluse.

FIGURE 10.

Coupe des perrés et du radier du chenal en aval de la 12ᵉ. écluse.

PLANCHE III.

Plan et coupes d'une Ecluse, plans des Chardonnets. Bâtardeau mobile.

FIGURE 1ʳᵉ.

Plan d'une écluse. La largeur de cette écluse entre les bajoyers est de 7ᵐ. 80ᶜ., et sa longueur de 37ᵐ. entre les pilastres d'amont et d'aval. Le pilastre d'aval a un mètre, et la flèche de l'arc du mur de chute un mètre, ainsi le sas a réellement 39ᵐ. Les portes d'aval en s'ouvrant laissent encore de la place derrière les bateaux, en sorte qu'un bateau de la Seine marqué à 42ᵐ. peut entrer dans les écluses, d'autant mieux que les mesures d'après lesquelles on marque les bateaux, sont prises suivant le développement de leur bord.

L'écluse est terminée à chaque extrémité par des murs d'évasement et en retour, entre lesquels, et même au-delà en aval, sont des avant-radiers en meulière. Les radiers en aval ont 10ᵐ. de longueur au-delà des murs en retour, ainsi que les perrés qui font suite à ces murs.

FIGURE 2.

Coupe en largeur, suivant la ligne b.c. du plan. *Voyez figure 1ʳᵉ.*

FIGURE 3.

Coupe en largeur, suivant la ligne d.e. du plan. *Voyez figure 1ʳᵉ.*

FIGURE 4.

Coupe en largeur, suivant la ligne f.g. du plan. *Voyez figure 1ʳᵉ.*

FIGURE 5.

Coupe en longueur, suivant la ligne h.i. du plan. *Voyez figure 1ʳᵉ.*

a. Corroi en glaise.

FIGURE 6. *Plan du Chardonnet des portes d'amont.*

a. Coupe horizontale du chardonnet.

b. Busc.

c. Garde-busc en bois.

d. Poteau tourillon.

e. Entretoise inférieure.

FIGURE 7. *Plan du Chardonnet des portes d'aval.*

a. b. c. d. e. Comme à la figure 6.

FIGURES 8 et 9.

Plan et coupe d'un petit bâtardeau mobile qui a servi pour les travaux des 11ᵉ. et 12ᵉ. écluses. Ce bâtardeau est indépendant du fond et des côtés du canal ou de l'écluse dans lequel il est placé, et il peut être d'un grand avantage quand on tient à ne pas dégrader les parois des ouvrages où on désire l'établir. Il se soutient de lui-même et peut s'adapter partout.

Il se compose de fermes que l'on multiplie suivant la longueur du bâtardeau; chaque ferme est composée de deux montans qui s'élèvent à un ou deux mètres au-dessus de l'eau, d'une moise horizontale placée un peu au-dessus de l'eau et d'une entretoise horizontale destinée à empêcher dans le haut, le rapprochement des montans; le bas est garni de madriers ou de planches jointives. Il est facile de voir que le pilonnage des terres entre ces planches ne tend qu'à consolider le système. Les bâtardeaux employés dans les écluses ont été remplis en terre sabloneuse, mêlée d'un dixième de chaux. Ce mélange vaut mieux que la glaise, et a moins coûté.

PLANCHE IV.

Plan et coupe d'une Écluse double.

FIGURE 1re. Plan d'une écluse double.

Nota. Il manque l'extrémité en aval de la seconde écluse, laquelle est absolument semblable à celle de l'écluse simple représentée dans la planche précédente, depuis la ligne k.l.

Tous les détails de construction et d'appareil qui ne sont pas indiqués sur ce plan, sont conformes à ceux de l'écluse simple.

FIGURE 2.

Coupe en largeur suivant la ligne k.l. du plan.

FIGURE 3.

Coupe en largeur suivant la ligne m.n. du plan.

FIGURE 4.

Coupe en longueur suivant la ligne r.s. du plan.

FIGURE 5.

Plan d'un doublage en charpente, placé sous la chute d'amont pour empêcher la dégradation des joints de la maçonnerie lorsque l'eau tombe dessus, quand l'écluse est vide, ce qui arrive souvent.

FIGURE 6.

Élévation de ce doublage.

PLANCHE V.

Détails des Portes d'amont et d'aval, et croisillons.

Cette porte est composée d'un poteau tourillon, d'un poteau busqué, de trois entretoises, d'un bracon et d'une écharpe en fer posée en croix de saint

André sur le bracon. Deux potelets au milieu de la porte soutiennent la coulisse de la ventelle qui monte et descend au moyen d'un cric. La porte tourne sur une crapaudine renversée et dans des colliers décrits ci-après *fig.* 25 *et* 26. Elle se ferme sur un heurtoir en bois fixé au busc, et est mise en mouvement par un cabestan et une flèche garnie d'un câbleau.

FIGURE 1re.

Élévation d'une porte d'amont, vue du côté d'amont.

FIGURE 2.

Section horizontale de la porte à la hauteur de la ligne $a.b.$, *fig.* 1re.

FIGURE 3.

Section verticale de la porte suivant la ligne $c.d.$, *fig.* 1 et 2.

FIGURE 4.

Élévation de la porte d'amont, vue du côté d'aval.

FIGURE 5.

Plan supérieur de la porte, indiquant la disposition des colliers, des annilles, du cabestan, et du champignon d'amarage.

Nota. Dans les cinq figures précédentes, la lettre $e.$ indique le garde busc en bois.

FIGURE 6.

Détails de la ventelle.

FIGURE 7.

Section horizontale de la partie de la porte où se trouve la ventelle, suivant la ligne $f.g.$, *fig.* 6.

Nota. Ce détail est pour les portes d'aval.

FIGURE 8.

Section horizontale de la ventelle et de ses coulisses, suivant la ligne $h.i.$, *fig.* 6.

FIGURE 9.

Détail de la coulisse de la ventelle.

FIGURES 10, 11 et 12.

Equerres et ceintures pour maintenir les potelets des crics.

FIGURES 13 et 14.

Crics.

FIGURES 15 et 16.

Détails de divers assemblages des tirans avec les colliers.

FIGURES 17 et 18.

Extrémité de l'écharpe des portes d'aval, et son équerre d'assemblage.

FIGURES 19 et 20.

Extrémité de l'écharpe des portes d'amont, et son équerre d'assemblage.

FIGURE 21.

Equerre double d'assemblage.

FIGURES 22, 23 et 24.

Crapaudines des portes d'amont.

a. Boîte en fonte, scellée en plomb dans la pierre.

b. Tourillon en fer forgé, tourné par le haut et carré par le bas.

c. Disque en acier interposé entre le tourillon et la crapaudine.

d. Grande équerre en fer forgé, portant une crapaudine dans son talon.

FIGURES 25 et 26.

Collier double à enfourchement, collier simple à deux branches, et boulon qui traverse ces colliers en f. *Voyez figures* 1 *et* 4.

Ce systême, extrêmement simple, a été employé pour la première fois au canal de Saint-Denis. Il présente toute la solidité que l'on peut désirer.

FIGURE 27.

Cabestan en fonte de fer.

FIGURE 28.

Perches qui communiquent le mouvement des cabestans aux portes. L'anneau a. embrasse le champignon, *voyez figure* 30, placé sur le sommet du poteau busqué, *voyez figures* 1, 3 *et* 4. Une corde passe et est fixée dans l'anneau b., s'enroule sur le cabestan, où elle fait quatre tours, et est attachée à l'anneau c. La perche est soutenue dans son mouvement, par un rouleau mobile de 60 centimètres de longueur. *Voyez figure* 29.

FIGURE 29.

Rouleau mobile destiné à soutenir la perche et à faciliter son mouvement.

FIGURE 30.

Champignon dans lequel passe l'anneau de la perche.

FIGURE 31.

Champignon pour amarer les bateaux et empêcher leur mouvement dans l'écluse pendant l'introduction de l'eau.

FIGURES 32, 33 et 34.

Croisillons pour faciliter la manœuvre des bateaux dans l'écluse.

PLANCHE VI.

Détails des Portes d'aval et de la passerelle.

Cette porte diffère de la précédente par sa hauteur et le nombre des entretoises qui est porté à cinq. On avait placé sous le poteau busqué, une roulette en fonte : elle a été supprimée depuis comme inutile, les portes se manœuvrant très-bien et même mieux sans cela.

FIGURE 1re.

Élévation d'une porte d'aval, vue du côté d'amont.

FIGURE 2.

Section horizontale de la porte, à la hauteur et suivant la ligne a.b., *fig.* 1re.

FIGURE 3.

Section verticale de la porte, suivant la ligne c.d., *fig.* 1 et 2.

FIGURE 4.

Élévation de la porte d'aval, vue du côté d'aval.

FIGURE 5.

Plan supérieur de la porte, du chemin en fer et du busc.

Nota. Dans les cinq figures précédentes, la lettre e. indique le garde busc en bois.

FIGURE 6.

Scellement des chemins en fer.

FIGURES 7, 8 et 9.

Gallets en fonte, placés sous les poteaux busqués des portes d'aval et de la porte d'amont de la 1re. écluse.

FIGURE 10.

Plan et coupe d'une crapaudine des portes d'aval. *Voyez l'explication des figures* 22, 23 *et* 24 *de la planche* 5.

FIGURE 11.

Plan et coupe d'une équerre portant crapaudine en fer fondu. *Voyez id.*

FIGURE 12.

Assemblage des bracons-moisans avec les entretoises.

FIGURE 13.

Champignon pour la manœuvre des portes. *Voyez fig.* 30, *pl.* 5.

FIGURES 14, 15 et 16.

Passerelle en fer forgé placée sur les portes d'amont de la 1re. écluse.

PLANCHE VII.

Ponts-Levis.

FIGURE 1re.

Plan du pont-levis placé sur les bajoyers des écluses 6e., 10e. et 12e. prolongés en aval des portes d'aval.

Nota. Cette disposition permet de laisser le pont fermé, pendant qu'un bateau est dans le sas, et durant toute la manœuvre, ce qui ne pourrait pas avoir lieu, si le pont était au milieu du sas, à moins que le pont et ses abords ne fussent beaucoup exhaussés, ce qui serait incommode et coûterait plus que le prolongement des bajoyers.

FIGURE 2.

Élévation du pont.

Nota. Les quatre points de rotation $a.b.c.d.$ doivent former les angles d'un parallélogramme, de même que les quatre points $a.b.e.f.$

$a.g.$ plus $a.i.$ doit être égal à $g.n.$ plus $h.i.$

C'est d'après cette condition que se détermine la position du valet $g.h.$ représenté *figures* 36 *et* 37.

FIGURE 3.

Projection du pont sur un plan vertical passant par l'axe du canal.

FIGURE 4.

Détails du tablier, des garde-corps mobiles et de la partie du poteau où sont ajustés l'axe du pont et le garde-corps.

FIGURE 5.

Ajustement des garde-corps sous le poteau, en plan.

FIGURE 6.

Scellement de la contrefiche latérale dans la maçonnerie du bajoyer.

FIGURE 7.

Ajustement de cette contrefiche sur le poteau.

FIGURE 8.

Scellement de la grande contrefiche.

FIGURE 9.

Ajustement de cette contrefiche à la partie supérieure du poteau, et avec le support de l'arbre des flèches.

FIGURE 10.

La même pièce vue de face.

FIGURES 11, 12 et 13.

Ceintures de la flèche.

FIGURE 14.

Ajustement du pied du poteau dans un sabot en fonte, encastré dans la maçonnerie.

FIGURES 15, 16, 17 et 18.

Ajustement de l'arbre sur lequel se fait le mouvement des contrefiches dans des coussinets en fonte.

Nota. La figure 17 fait voir un manchon en fonte dans lequel l'arbre, qui est en deux parties, peut faire un mouvement horizontal, pour engager ses extrémités. Ces deux parties de l'arbre sont ensuite fixées sur le manchon par des goupilles.

FIGURE 19.

Arbre du tablier et son support.

FIGURES 20 et 21.

Talon du tablier.

FIGURES 22 et 23.

Extrémité de la volée.

FIGURE 24.

Arc-boutant et chasseroue du poteau.

FIGURES 25, 26 et 27.

Ajustement de la chaîne à l'extrémité de la culée de la flèche.

FIGURE 28.

Attaches des contrepoids en fonte de la bascule. Il y a trois attaches semblables sur la largeur. Les barreaux formant contrepoids sont en deux morceaux, pesant 50 à 60 kilog. chacun.

FIGURE 29.

Ajustement de la chaîne à l'extrémité du tablier.

FIGURES 30, 31 et 32.

Ajustement de la chaîne à l'extrémité de la volée de la flèche.

FIGURE 33.

Chemins en fer, en plan.

FIGURES 34 et 35.

Chemins en fer, en coupe, et ajustement des tirans qui maintiennent les montans des garde-corps.

FIGURES 36 et 37.

Valet en fer qui sert à donner aux contrefiches du pont un mouvement dépendant de celui des tabliers. *Voyez l'Explication de la figure 2.*

FIGURES 38 et 39.

Équerres simples et doubles pour les assemblages.

PLANCHE VIII.

Ponts en pierres.

FIGURE 1re.

Moitié du plan du pont de la route de Flandre. La route passe obliquement sur le pont, lequel est droit sur le canal.

FIGURE 2.

Coupe en longueur de la moitié du pont de la route de Flandre, suivant l'axe du canal.

FIGURE 3.

Élévation du pont de la route de Flandre.

FIGURE 4.

Détail de la balustrade en fer du pont de la route de Flandre, en élévation.

FIGURE 5.

Coupe de cette balustrade sur la ligne a.b.

Nota. Les arcs-boutans et la plate-bande supérieure sont en fer forgé. Le reste est en fonte.

FIGURE 6.

La moitié du plan de la route de Calais.

FIGURE 7.

Coupe en longueur de la moitié du pont et de deux fermes des cintres, suivant l'axe du canal.

FIGURE 8.

Coupe en travers commune aux trois ponts, perpendiculairement à l'axe du canal, et élévation des cintres.

FIGURE 9.

Plan de la moitié du pont de la route de la Révolte.

FIGURE 10.

Coupe en longueur de la moitié du pont, suivant l'axe du canal.

FIGURE 11.

Élévation commune aux ponts de la route de Calais et de la Révolte.

<hr>

Observations sur les fondations et quelques autres détails de construction des divers ouvrages d'art.

Les perrés en amont de la 1re. écluse sont fondés sur le terrain naturel, au moyen d'un massif en moëlons de 1m. 15°. de largeur, et de 0m. 50°. de hauteur. Ils sont encadrés d'une maçonnerie en mortier.

La 1re. écluse est fondée sur un tuf tendre et un peu glaiseux, mais assez solide, au moyen d'une aire de béton de 15 centimètres d'épaisseur.

L'épaisseur du radier est en sus de 1m. 05°. à l'aval, et de 1m. 35°. à l'amont.

La différence provient de la pente en longueur du radier, laquelle est égale à la saillie du busc.

En amont, est un corroi en glaise, provenant des fouilles.

La 2e. écluse est fondée sur un tuf à peu près semblable, au moyen d'une aire de béton de 30 centimètres d'épaisseur, recouverte d'une autre aire de 15 centimètres.

Le radier a de plus, 1^m. 05^c. d'épaisseur à l'aval et 1^m. 35^c. à l'amont.

Les perrés en aval de la 2e. écluse, et en amont de la troisième, sont fondés comme ceux en amont de la première, sur le terrain naturel. Ils sont encadrés de même.

La 3e. écluse est fondée comme la première, mais sur un tuf un peu plus dur. Le radier a la même épaisseur. Le corroi d'amont est en terres grasses provenant des fouilles.

La 4e. écluse est fondée comme la troisième, mais sur un tuf dur et pierreux. Le radier a la même épaisseur.

Le chenal en aval de la 4e. écluse est fondé à 0^m. 75^c. en contre-bas du fond du canal, sur un tuf dur et pierreux, au moyen d'un massif en moëllons. Les paremens verticaux et horizontaux sont construits en mortier de chaux hydraulique, sur 50 centimètres d'épaisseur.

Le pont de la route de Flandre est fondé sur un tuf dur et pierreux. Les murs des chemins de halage sont construits en mortier de chaux grasse et ciment, et rejointoyés en chaux hydraulique et sable. Les autres constructions sont en mortier de chaux grasse et sable, mais les rejointoyemens sont en chaux hydraulique et sable.

La 5e. écluse est fondée entièrement de niveau, à 1^m. 20^c. au-dessous du plafond du canal, sur un terrain sablonneux pénétré de beaucoup de sources, et au moyen d'une aire de béton de 0^m. 30^c. d'épaisseur. Le radier a de plus 1^m. 05^c. d'épaisseur à l'aval et 1^m. 35^c. à l'amont. Le corroi d'amont est en terres grasses provenant des fouilles.

La 6e. écluse est fondée, savoir, les chambres des portes à 1^m. 50^c., et le sas à 1^m. 20^c., au-dessous du plafond du canal, sur un terrain assez ferme, mais pénétré de sources, au moyen d'une aire en béton de 0^m. 15^c. d'épaisseur.

Le radier a de plus 1^m. 05^c. d'épaisseur à l'aval et 1^m. 35^c. à l'amont.

Le corroi d'amont est en terres grasses provenant des fouilles.

La 7e. écluse est fondée de niveau à 1^m. 43^c. au-dessous du plafond du canal, sur un terrain assez ferme, au moyen d'une aire en béton de 0^m. 15^c. d'épaisseur.

Le radier a de plus 1^m. 28^c. d'épaisseur à l'aval et 1^m. 58^c. à l'amont.

Le corroi d'amont est en terres grasses provenant des fouilles.

La 8ᵉ. écluse est fondée; savoir, les deux chambres des portes à 1ᵐ. 5oᶜ. et le sas à 1ᵐ. 20ᶜ., au-dessous du plafond du canal, sur un terrain très-ferme, et au moyen d'une aire en béton de 15ᶜ. d'épaisseur.

Le radier a de plus 1ᵐ. o5ᶜ. d'épaisseur à l'aval et 1ᵐ. 35ᶜ. à l'amont.

Le corroi d'amont est en terres grasses provenant des fouilles.

Les ponts de Saint-Denis sont fondés sur un terrain très-ferme, ainsi que les perrés à leurs abords. Les murs des chemins de halage sont construits en mortier de chaux grasse et ciment. Les autres constructions sont en mortier de chaux grasse et sable; mais les rejointoyemens sont faits en chaux hydraulique et sable.

La 9ᵉ. écluse est fondée sur un terrain très-ferme, à 1ᵐ. au-dessous du plafond du canal, au moyen d'une aire en béton de oᵐ. 15ᶜ. d'épaisseur.

Le radier a de plus oᵐ. 85ᶜ. d'épaisseur à l'aval et 1ᵐ. 15ᶜ. à l'amont.

Le corroi d'amont est en glaise.

La 1oᵉ. écluse est fondée comme la 9ᵉ.

Le perré d'aval n'a que 8 mètres de longueur; ceux des écluses 5, 6, 7 et 8 ont 1o mètres.

La 11ᵉ. écluse est fondée comme les 9ᵉ. et 1oᵉ., sur un terrain sablonneux d'alluvion assez compact.

Le corroi en amont est en glaise.

La 12ᵉ. écluse est fondée sur un tuf assez dur, mais susceptible de se délayer dans l'eau à la longue. La profondeur des fondations au-dessous du fond du canal, est de 1ᵐ. dont 25ᶜ. sont remplis par une couche de béton.

La partie en amont de l'écluse sous le mur de chute, et au-delà, sur 15 mètres de longueur environ, est fondée sur un grillage de oᵐ. 45ᶜ. à oᵐ. 5oᶜ. d'épaisseur, dont les cases sont remplies en gros béton de meulière. Cette partie du terrain avait perdu de sa consistance, et avait soufflé par la grande pression de l'eau de la Seine, et par la charge des cavaliers voisins.

Le pourtour extérieur de la maçonnerie est construit en mortier de chaux hydraulique. Le parement d'amont du massif de la chambre des portes intermédiaires est construit en meulière.

Le dallage de la chambre des portes d'aval a 7oᶜ. d'épaisseur.

Le chenal en aval de la 12ᵉ. écluse est formé par des perrés en meulière, dont les pieds sont soutenus au moyen d'une file de pieux entretenue par des ventrières, et garnie du côté des terres, en madriers jointifs. Le fond de ce chenal est formé sur 20ᵐ. de longueur par un radier de 75ᶜ. d'épaisseur, construit en moëlons avec parement de meulière et de mortier hydraulique, et terminé à l'aval par une rangée transversale de pieux et palplanches. Sur 20ᵐ. à la suite de ces palplanches, le radier est prolongé en blocage de moëlon et de gros graviers, avec paremens de meulière. A l'extrémité de cette dernière partie est une deuxième file transversale de pieux et palplanches. Au droit des deux files de palplanches, les perrés sont construits sur deux mètres de hauteur, en terre glaise, en sorte que l'on pourrait facilement mettre à sec la portion du chenal du côté de l'écluse, au moyen de bâtardeaux et d'épuisemens, sans craindre que les eaux pénétrassent à travers la maçonnerie des perrés.

Observations générales.

Tous les paremens des bajoyers des écluses sont en pierre de taille ayant 0ᵐ. 70ᶜ. de queue, pour les chambres des portes, les bandeaux et les tablettes de couronnement, et pour le surplus en meulière, sur 0ᵐ. 50ᶜ. d'épaisseur. Ces constructions sont faites en mortier de chaux hydraulique.

Les radiers sont en pierres de taille de 0ᵐ. 40ᶜ. de hauteur, ou en meulière sur 0ᵐ. 35ᶜ. Ils sont aussi construits en mortier de chaux hydraulique. Les pierres des buscs ont 0ᵐ. 70ᶜ. de hauteur; savoir : 0ᵐ. 30ᶜ. de saillie, et 0ᵐ. 40ᶜ. dans le radier.

Les remblais latéraux des écluses sont faits en terres choisies, et pilonnées par petites couches sur 0ᵐ. 50ᶜ. au moins d'épaisseur.

Les remblais en amont des massifs des chambres des portes intermédiaires des écluses doubles, sont faits en béton pilonné.

Les perrés des écluses sont encadrés d'une maçonnerie en mortier.

Les épuisemens de la 1ʳᵉ. écluse ont été faits avec des écopes.

Ceux de la 2ᵉ., avec des seaux manœuvrés par des bascules appelées *délous* en Egypte.

Ceux de la 3ᵉ., avec des écopes.

Ceux de la 4ᵉ., avec des *délous* d'abord, et ensuite avec la *noria* de M. Gâteau.

Ceux de la 5ᵉ., avec une *noria* semblable, mais plus puissante, et avec des vis d'Archimède. Les épuisemens de cette écluse ont été dispendieux.

Ceux de la 6ᵉ., avec des écopes.

Ceux de la 7ᵉ., avec des écopes.

A la 8ᵉ. écluse il n'y a pas eu d'épuisemens non plus qu'à la 9ᵉ.

Ceux de la 10ᵉ. ont été faits avec des écopes.

Ceux de la 11ᵉ., par un écoulement naturel à la Seine, à travers la 12ᵉ. écluse et le chenal.

Ceux de la 12ᵉ. ont été faits en même temps que ceux du chenal, au moyen de la *noria* de M. Gâteau et de vis d'Archimède. On y a employé aussi momentanément la pompe à tube mobile de M. Binet.

La première année, en 1819, la *noria* a suffi, quoique l'on ait travaillé à 4 et 5 mètres au-dessous des eaux de la Seine, distante seulement de 100 mètres des fouilles.

En 1820, elle a également suffi jusqu'à la fin d'octobre, où une crue extraordinaire et prématurée a submergé les travaux, et menacé d'empêcher la pose des portes de la 12ᵉ. écluse avant l'hiver. Les eaux s'étant un peu abaissées, on a repris les épuisemens avec vigueur, à la fin de novembre. C'est alors que l'on a employé concurremment la *noria* de M. Gâteau, la pompe de M. Binet, et cinq vis d'Archimède. En 48 heures on a remis tous les travaux à découvert, et on les a terminés. La *noria* a suffi pour l'entretien des épuisemens. Elle était composée de seaux de 100 litres, et pouvait faire jusqu'à 15 versemens par minute, ce qui produit 1^m.50^c. par minute, 90^m. par heure et 2160^m. en 24^h., c'est plus de 100 pouces.

NOTE

Sur les résultats du travail de quelques Machines à draguer employées aux canaux de Paris.

DREDGING-MACHINE.

PRODUITS. Cette machine fait mouvoir deux chapelets de 32 dragues chacun, ci . . 64 dragues.

Chaque drague contient 0ᵐ. 033, ci pour 64. . . . . 2ᵐ. 11ᶜ.

Les chapelets font un tiers de tour par minute, en sorte que le produit par minute
est. . . . . 0ᵐ. 70ᵉ.

Et par heure. . . . . 42ᵐ. 18ᶜ.

DÉPENSES. Acquisition de la machine, etc. . . . . 100,000 fr. 00 c.

Intérêts à 10 pour %. 10,000 fr. 00 c.

On suppose neuf mois de chômage, en sorte que l'intérêt pour
trois mois sera. 10,000 00

Ce qui fait par jour. 111 11

Et par heure, en supposant dix heures de travail. . . . . 11 fr. 11 c.

La machine étant de 15 chevaux, sa consommation par heure à raison
de 5 kil. par cheval sera de 75 kil., lesquels à 0 fr. 05 c., valent. . . . 3 fr. 75 c.

Cinq ouvriers à 0 fr. 50 c. par heure. 2 50

Entretien de la machine et réparations. 5 00

_____

11 fr. 25 c. 11 25

22 fr. 36 c.

Ce qui fait à raison de 42ᵐ. 18ᶜ. par heure, un prix réduit de 0 fr. 53 c. par mètre.

L'expérience faite au canal de Saint-Denis n'a pas confirmé ce résultat. Du 3 mai au 4 juin on n'a
tiré que 955 mètres, environs 31 mètres par jour ou par heure. . . . . 3ᵐ. 10ᶜ.

Le premier article de la dépense est toujours de . . . . 11 fr. 11 c.

Mais le deuxième article doit être modifié comme il suit, attendu que la machine n'a
marché que 1 heure par jour au lieu de 10.

Charbon. . . . . 0 fr. 37 c.

Ouvriers, environ. 1 25

Réparations. 0 50

_____

2 fr. 12 c. 2 12 c.

Le mètre cube revient donc à. . . . . 4 fr. 30 c. 13 fr. 23 c.

BATEAU DRAGUEUR.

PRODUITS. La capacité de chacune des dragues est de 0ᵐ. 018ᶜ.; mais elles ne se
remplissent jamais que de. . . . . 0ᵐ. 006ᶜ.

Il se fait vingt-cinq versemens par minute, ci. . . . . 0ᵐ. 15ᶜ.

Et par heure. . . . . 9ᵐ. 00ᶜ.

Le travail a été de 4 heures par jour au canal de Saint-Denis, ci pour un jour. . . 36ᵐ. 00ᵉ.

DÉPENSES. Prix du bateau. . . . . 6,000 fr. 00 c.

De la machine. 18,000 00

Des équipages. 2,400 00

Des quatre chevaux. 2,000 00

_____

28,400 fr. 00 c.

4

Intérêts à 10 pour %. . . . . 2840 f. 00 c.
Ou suppose neuf mois de chômage, en sorte que l'intérêt pour un jour est de. . . .　94 f. 66 c.
Entretien de quatre chevaux. . . . . 8 fr. 00 c.
Un homme pour les chevaux. . . . . 2　50
Quatre hommes aux treuils, à 2 fr. 50 c. . . . . 10　00
Deux hommes à l'échelle, à 2 fr. 50 c. . . . . 5　00
Deux hommes à la marche, à 3 fr. . . . . 6　00
Un chef. . . . . 5　00
　　　　　　　　　　　　　　　　　　　　　　　36 fr. 50 c.　36　50
　　　　　　　　　　　　　　　　　　　　　　　　　　　　　131 f. 16 c.

Le travail d'un jour étant de 36 mètres, le prix du mètre est de. . . . 3 fr. 64 c.

MACHINE A DRAGUER, DE M. MOLARD,

Décrite dans le Bulletin de la Société d'Encouragement de mai 1824.

DÉPENSES. Prix du bateau et équipages. . . . . 3,000 fr. 00 c.
Id. de la machine. . . . . 3,000　00
　　　　　　　　　　　　　　Ensemble. . . 6,000 fr. 00 c.

Intérêts à 10 pour %. . . . . 600 fr. 00 c.
En supposant neuf mois de chômage, l'intérêt de trois mois est de. . 600 fr. 00 c.
Et pour un jour. . . . . 6 fr. 66 c.
Et pour 1 heure, en supposant 12 heures de travail. . . . . 0 fr. 55 c.
Trois hommes à la machine, à 2 fr. 50 c. . . . . 7 fr. 50 c.
Un homme à diriger le bateau. . . . . 2　55
　　　　　　　　　　　　　　Ensemble. . . 10 fr. 05 c.
Ci pour 1 heure. . . . . 0 fr. 83 c.
　　　　　　　　　　　　　　　　　　　　　　　　　　　　　1 fr. 38 c.
PRODUITS. Le produit a été de 2^m. 15 c. par heure, ce qui fait par mètre cube environ. 0 fr. 64 c.

Quelques erreurs qui paraissent avoir eu lieu dans le mètré des cavaliers, provenant peut être de leur tassement, doivent faire porter ce prix à 1 fr. ou 1 fr. 30 c.

DRAGUES A MAIN.

Les dragueurs employés à dévaser l'entrée du chenal au canal de Saint-Denis, ont été payés à raison de 1 fr. 50 c. par mètre cube, mesuré dans le bateau.

On a fourni pour les travaux du canal de Saint-Denis, du sable dragué dans la Seine, et rendu sur berge à raison de 90 cent. le mètre cube.

OBSERVATION GÉNÉRALE.

Quand le fond n'a pas de consistance, la drague à main est ce qu'il y a de plus avantageux. Mais il est des cas où ce moyen est insuffisant. Alors il faut employer des machines mues par plusieurs hommes, ou par des chevaux, ou par la vapeur. La machine de M. Molard paraît présenter de l'avantage sur les deux autres, uniquement parce qu'elle a eu un travail continu, et que la manœuvre dans le canal de l'Ourcq est plus facile que sur la Seine. Si le bateau dragueur eût pu travailler aussi 12 heures par jour, le prix du dragage d'un mètre cube par ce moyen, ne serait revenu qu'à 1 fr. 20 c.

Si le Dredging-Machine eût travaillé 12 heures par jour, le prix du mètre cube ne serait revenu qu'à 44 cent.

DESCRIPTION

DU CANAL SAINT-MARTIN.

Plan général et profils du Canal.

FIGURE 1re. *Plan général.*

LE canal, avec ses quais, a partout 60 mètres de largeur entre les maisons; si ce n'est entre les ponts de Pantin en b et de la butte Chaumont en c, où il a 100 mètres. Il a 27 mètres entre les murs de quai, et 16m. 50c. de quai de chaque côté. Sur une grande partie de son étendue il y a des arbres plantés à 5 mètres des murs de quai.

a. Chenal de prise d'eau dans le bassin de la Villette, à la suite duquel sont la 1re. et la 2e. écluses accolées, de 6m. 20c. de chute ensemble : cette chute est celle qui existe d'un plafond de canal à l'autre. Entre les buscs il n'y a que 5m. 90c., parce que le busc d'amont de la première écluse a été mis de niveau avec celui de la première écluse du canal de Saint-Denis, et avec le fond du canal de l'Ourcq. Entre les surfaces des eaux il y a 6m. 10c. de différence, l'établissement du canal de l'Ourcq étant à 1m. 50c. de hauteur d'eau, et celui du canal Saint-Martin à 1m. 60c.

b. Pont fixe en pierres à la rencontre de la route de Meaux et des boulevards extérieurs. Il a 70 mètres d'une tête à l'autre.

c. Pont fixe en pierres à la rencontre de la rue de la butte Chaumont. Il a 12 mètres d'une tête à l'autre. On ne devait, primitivement, construire dans cet emplacement qu'une simple passerelle pour les piétons.

De b en c, le canal est encaissé entre deux berges fort élevées. On a formé deux quais à la hauteur de 2m. 60c. au-dessus du fond du canal, et deux rues élevées à la hauteur des ponts de Pantin et de la butte Chaumont. Les quais et ces rues communiquent entre eux par quatre rampes. *V. le profil planche 1re.* *figure* 3. Ce premier bassin n'est qu'une partie du premier biez. Il a 278 mètres de longueur. Le deuxième bassin qui s'étend de c en d, a 131 mètres de longueur.

d. Troisième et quatrième écluses accolées, de chacune 2ᵐ. 80ᶜ. de chute, et pont fixe en pierres à la suite, à la rencontre de la rue des Morts.

Le deuxième biez, qui s'étend de d en e, a 433 mètres de longueur.

e. Cinquième et sixième écluses, de chacune 2ᵐ. 80ᶜ. de chute, ayant une passerelle pour les piétons, sur les portes d'amont de la cinquième écluse, à la rencontre de la rue des Récollets; et un pont tournant en charpente et fer, à la suite des portes d'aval de la sixième écluse, et à la rencontre de la rue Grange-aux-Belles.

Les eaux du faubourg Saint-Martin, depuis la barrière jusqu'à la contrepente, qui est au-dessus de Saint-Laurent, et celles d'une partie du nouveau quartier Poissonnière, s'écoulaient par la rue des Morts et par un petit fossé qui vient aboutir à l'angle du canal et de la rue des Récollets, sur la rive gauche, où se rendaient aussi les eaux de la rue des Récollets. Ces eaux traversaient ensuite l'emplacement du canal dans un caniveau en pierres qui aboutissait à la rue des Vinaigriers. La construction du pont de la rue des Morts a forcé de changer ce système; à présent les eaux coulent par une rue nouvelle partant de celle des Morts, et par le quai de la rive droite du canal jusqu'à la rue des Vinaigriers.

Sur la rive gauche, le peu d'eau qui arrive par l'ancien fossé, et celles de la rue des Récollets, entrent au point marqué 2 dans l'égoût latéral qui règne sur la rive gauche jusqu'en amont de la septième écluse, et sur la rive droite à partir de ce point jusqu'à la Seine. Cet égout n'a qu'une petite section; *V. planche* 6, *fig.* 12, jusqu'à la rencontre du ruisseau qui descend de l'hôpital Saint-Louis: A partir de là, il prend la section *fig.* 10 *et* 11, *même planche* jusqu'à la place de la Bastille, où une partie a été construite avant l'adoption du nouveau système, suivant le profil *figure* 14. Sous le chemin de halage de la garre, il a le profil *figure* 9, et de la garre à la Seine, le profil *figure* 8, dont la voûte en ogive résulte de ce que l'on a rétréci l'égout sans diminuer sa hauteur sous clef, ni celle des pieds-droit.

f. Deux ponts semblables à celui de la rue Grange-aux-Belles en e, et à 579 mètres de distance de ce pont. Ils sont à la rencontre de la rue du faubourg du Temple, qui est tellement fréquentée, que l'on a cru devoir y établir deux passages.

g. Pont semblable aux précédens, et à 337 mètres en aval où l'on rencontre la rue d'Angoulême.

h. Pont semblable, à 161 mètres de distance, à la rencontre de la rue de Ménil-Montant.

i. Pont semblable, à 224 mètres de distance, à la rencontre de la rue Saint-Sébastien.

k. Pont semblable, à 426 mètres de distance, à la rencontre de la rue du Chemin-Vert.

l. A 314 mètres du pont précédent, sont les septième et huitième écluses accolées, ayant, savoir : la septième 2^m.80^c. et la huitième 2^m. 74^c. de chute; avec passerelle pour les piétons sur les portes d'amont de la septième écluse. La chute de la huitième écluse est mesurée d'un busc à l'autre. La différence entre les surfaces des eaux est variable, suivant l'état de la Seine, dont les crues se font sentir dans la garre de l'Arsenal.

A la suite de ces écluses est le pont fixe en pierres de la Bastille, de 180 mètres de longueur d'une tête à l'autre, avec deux chemins de halage ; à l'autre extrémité de la voûte est la garre de l'Arsenal, qui s'étend jusqu'à la Seine.

m. Neuvième écluse, de 1^m. 86^c. de chute, mesurée d'un busc à l'autre. La différence entre les surfaces des eaux est continuellement variable, suivant l'état de la Seine. A la suite de cette écluse est un pont en pierres, de 12 mètres d'une tête à l'autre, avec deux chemins de halage et un chenal débouchant dans la Seine.

En amont de la sixième écluse sur la rive gauche, on a construit un empellement marqué 1, qui avait originairement pour but de pouvoir vider de fond la partie du canal où l'on avait introduit les eaux avant l'achèvement des travaux du biez inférieur, sans nuire à ces travaux. Cet empellement sert à présent à jeter de l'eau fraîche dans l'égout latéral à son origine.

2. Origine de l'égout latéral en petite section. A la rue Grange-aux-Belles il rencontre une conduite destinée à l'évacuation des eaux de la voirie Montfaucon, et en reçoit provisoirement les eaux. Cette conduite doit être supprimée quand on déplacera la voirie.

3. Fin de l'égout en petite section, et commencement de celui en grande section ; c'est à ce point que l'égout reçoit les eaux de l'hôpital Saint-Louis.

4. Décharge du fond du canal dans l'égout. *Voyez planche* 6, *figure* 17. Elle est située en face du premier regard en aval de la rue du faubourg du Temple.

5. Passage d'un aqueduc en fonte pour l'écoulement des eaux de la rive droite du canal dans l'égout de la rive gauche. *Voyez planche* 6, *figures* 15 *et* 16.

6. Autre passage semblable.

7. Autre passage semblable.

8. Décharge du fond du canal dans l'égout, comme la précédente n°. 4.

9. Passage semblable aux précédens n°s. 5, 6 et 7.

Vers le point k, l'égout latéral rencontre celui de la rue du Chemin-Vert, dont il reçoit les eaux venant en grande partie de l'abattoir Popincourt. Une partie de ce dernier égout reste sur la rive droite, et va joindre celui de la rue Amelot.

10. Point où l'égout Amelot qui se dirigeait sous l'emplacement du canal, a été détourné pour être conduit au point 12, où il rencontre le nouvel égout, après que ce dernier a traversé le canal en amont de la septième écluse.

11. Point où le nouvel égout rencontre l'ancien égout Amelot, lequel subsiste encore au-delà jusqu'à la garre de l'Arsenal, en passant au point 14, à l'extrémité du quai sur la rive gauche, et sous la place de la Bastille. Cette portion d'égout ne sert plus; cependant si elle était curée, elle pourrait encore conduire dans le nouvel égout, au point 13, les eaux de la place de la Bastille.

14. Trappe de l'égout Amelot, près de sa rencontre avec celui de la rue de la Roquette. De là au point 13, on a fait un nouvel égout qui conduit dans l'égout latéral par une route directe, les eaux de celui de la rue de la Roquette.

15. Bouche de l'égout Jean-Beausire, nouvellement construit, et qui se réunit à l'égout principal, en suivant une direction perpendiculaire à ce dernier.

16. Débouché de l'égout à la Seine, en aval des écluses : les immondices qui en sortent s'étendent au loin vers l'île Louviers. Ce débouché est à un mètre environ au-dessus des basses eaux d'été; l'égout a généralement un millième de pente, comme le grand égout qui descend de la rue des Fossés-du-Temple à la Seine, à travers la Chaussée-d'Antin et les Champs-Élysées.

FIGURE 2.

Profil en longueur, indiquant la hauteur du fond des différens biez et du dessus des ponts. Le dessus des bajoyers de la première écluse est supposé à la hauteur zéro. Le dessus des ponts de Pantin et de la butte Chaumont est plus élevé de 0^m. 35^c.

La ligne d'eau du canal de l'Ourcq est à. . . . . 1^m. 00^c.
Celle du fond de ce canal. . . . . 2^m. 50^c.
La chute totale des écluses est de. . . . . 25^m. 20^c.
En sorte que la cote du fond du chenal de la 12e. écluse est. . 27^m. 70.
Le fond du chenal est à 1^m. 62^c. au-dessous de l'étiage ordi-

naire, et la cote du busc d'aval de la 9ᵉ. écluse à 1ᵐ. 32ᶜ., en sorte
que la cote de cet étiage est. . . . . , ... 26ᵐ. o8ᶜ.
  La différence des hauteurs des deux niveaux des eaux du canal
de l'Ourcq et de la Seine, en temps d'étiage ordinaire, est donc
de. . . . . 25ᵐ. o8ᶜ.
  De l'embouchure du canal Saint-Martin dans la Seine, à celle du
canal de Saint-Denis, la hauteur des étiages diffère donc de. . .   4ᵐ. o7ᶜ.
  Et, en supposant celui de Saint-Denis un peu trop bas, *voyez la description de ce canal, planche* 1ʳᵉ., *figure* 2, *explications,* cette différence est
encore de 3ᵐ.ᶜ77ᶜ., si on prend pour point de comparaison l'étiage du pont
de Neuilly; et de 3ᵐ. 67ᶜ., si on s'en rapporte à celui du pont Louis XVI.

FIGURE 3.

Coupe en travers sur le premier bassin du premier biez, et en regardant le
pont de Pantin. *Voyez figure* 1.

FIGURE 4.

Coupe suivant le cours de la Seine, devant le chenal de la 9ᵉ. écluse, montrant l'élévation de l'entrée du canal et des deux pavillons qui servent, l'un
de maison d'éclusier, et l'autre de bureau de recettes.

FIGURE 5.

Coupe sur l'un des pavillons, indiquant les caves qui s'étendent jusqu'au
chemin de halage. Le sol de ces caves est à la hauteur des grandes eaux
ordinaires.

FIGURE 6.

Plan d'un des pavillons, à la hauteur du rez-de-chaussée.

FIGURE 7.

Coupe sur une partie du chenal et de l'écluse en Seine, montrant l'élévation du petit côté d'un des pavillons, l'entrée des caves, et les escaliers qui
servent à la communication des pavillons avec les chemins de halage.

  Le sol des caves est à 6 mètres au-dessus de l'étiage. C'est la hauteur des
grandes eaux ordinaires, et celle à laquelle on peut élever les poutrelles de
garde de l'écluse.

PLANCHE II.

Plans détaillés de diverses parties du Canal, et profil du mur de Quai.

FIGURE 1re.

Plan du canal entre le bassin de la Villette et le deuxième biez, et d'une partie de ce biez.

a. Chenal de prise d'eau dans le bassin de la Villette. Il a la même largeur que les écluses, c'est-à-dire 7ᵐ. 80ᶜ.

b. Portes d'amont de la première écluse. Le busc est descendu au niveau du plafond du bassin de la Villette et du canal de l'Ourcq : On a baissé le busc d'amont de la première écluse du canal de Saint-Denis, au même niveau, c'est-à-dire à 2ᵐ. 5oᶜ. au-dessous du bajoyer de l'écluse. Ce bajoyer est à 9 centimètres environ au-dessus du mur de quai du bassin, qui paraît avoir éprouvé sur ce point un léger tassement.

c. d. Perrés autour de la deuxième écluse, aux extrémités desquels sont des escaliers pour communiquer avec le dessus des bajoyers de cette écluse.

d. e. Pont de Pantin de 70 mètres de longueur d'une tête à l'autre.

e. Escaliers pour communiquer du dessus du pont de Pantin aux quais du premier bassin.

ff. Rues élevées pour communiquer du pont de Pantin à celui de la butte Chaumont, le long du canal.

g. g. Quai bas du canal, à un mètre au-dessus du niveau ordinaire de l'eau.

*h. h. Rampes pour communiquer des rues élevées aux quais inférieurs.

i. Pont de la rue de la butte Chaumont.

j. j. Rampes pour descendre de cette rue sur les quais du deuxième bassin du premier biez.

k. Troisième écluse.

l. m. Quatrième écluse, environnée de perrés et d'escaliers comme la deuxième.

n. Pont de la rue des Morts.

o. o. Rampe pour communiquer de cette rue aux quais p. p. du deuxième biez.

FIGURE 2.

Portion de canal comprenant les cinquième et sixième écluses, la place des Marais, et les ponts du faubourg du Temple.

a. Extrémité de la courbe qui termine en aval le deuxième biez du canal.

b. b. Rue des Récollets.

c. Empellement servant à vider le deuxième biez par l'égout latéral dont l'origine est en d. *Voyez l'explication de la planche* 1re., *figure* 1re., n° 1.

d. Origine de l'égout latéral. *Voyez idem, lettre* e *et n°.* 2.

e. Passerelle établie sur les portes d'amont de la cinquième écluse.

f. Escalier communiquant du terre-plain de la cinquième écluse à celui de la sixième. *Voyez planche 3, figures* 1 et 2.

g. Pont tournant. *Voyez planche 5,*

h. h. Rue Grange-aux-Belles.

i. i. Rue des Vinaigriers.

k. Point où la conduite de Montfaucon arrive dans l'égout latéral. *Voyez l'explication de la planche* 1re., *figure* 1re., n°. 2.

l. Rue Carême-Prenant.

m. Fin de l'égout en petite section, et origine de celui en grande section. C'est le point où tombent les eaux de l'hôpital Saint-Louis.

n. Impasse Saint-Louis.

o. Place des Marais.

p. p. Cales pour le tirage des trains de bois de charpente.

q. q. Magasins projetés.

r. r. Rue du faubourg du Temple.

s. Deux ponts tournans. *Voyez planche 5.*

t. Rue Folie-Méricourt.

Sur la rive gauche, on voit les trappes de l'égout latéral ; et en aval de la rue du faubourg du Temple, la bonde de décharge ainsi que l'aqueduc qui passe sous le canal.

FIGURE 3.

Portion du canal comprenant les septième et huitième écluses, la place de la Bastille, la gare de l'Arsenal, et l'écluse en Seine.

a. Extrémité du troisième biez en aval.

b. Passerelle établie sur les portes d'amont de la septième écluse.

c. Rampes communiquant des quais du canal à la place de la Bastille.

d. Place de la Bastille, au milieu de laquelle on construit une fontaine monumentale, et sous laquelle le canal est voûté sur 180 mètres de longueur : le passage a 11 mètres de largeur pour le canal et ses deux chemins de halage de chacun 1^m. 50^c. *Voyez planche 6, figures 5 et 6.*

e. Boulevard Saint-Antoine,

f. Boulevard projeté,

g. Rue Amelot.

h. Rue de la Roquette.

i. Rue du faubourg Saint-Antoine,

j. Rue de Charenton.

k. Rue Saint-Antoine,

l. l. Escaliers communiquant de la place de la Bastille aux chemins de halage de la gare.

m. Boulevard projeté et pour lequel une grande partie des alignemens est donnée. Au bas de ce boulevard on pourra construire un bas port avec des rampes pour y arriver. Ce projet est ponctué sur le plan.

n. Rue Contrescarpe.

o. Gare de l'Arsenal.

p. p. Chemins de halage pavés.

q. Boulevard Bourdon.

r. Cale pour la construction ou la réparation des bateaux et pour descendre au fond de la gare avec des voitures. Au-dessus est une arche en pierres servant de passerelle pour les piétons.

s. Pont sur l'écluse pour la communication des quais Morland avec celui de la Rapée, et du boulevard Bourdon avec le pont du Jardin-du-Roi, etc.

t. Terre-plain de la neuvième écluse au niveau des grandes eaux moyennes.

u. u. Maisons d'éclusier et de receveur.

v. v. Chenal débouchant à la Seine et musoirs pour le service de la navigation.

x. Débouché de l'égout latéral dans la Seine.

y. Escalier pour le service de la navigation.

z. Pont du Jardin-du-Roi.

FIGURE 4.

Section du mur de quai, et d'une partie du radier.

Le béton est posé sur le sol, battu quand cela a été reconnu nécessaire. Le mur est fondé sur la couche de béton du radier prolongée. Quand le terrain a été jugé suffisamment solide, on n'a rien mis sous ce béton pour résister à la charge du mur. Dans le cas contraire, on a fait une fondation en sable, en mortier maigre, ou en béton, ou enfin en maçonnerie de moëlons.

Le béton du radier a 30 centimètres d'épaisseur et est recouvert d'un enduit en mortier hydraulique de 3 centimètres, lissé jusqu'à parfaite siccité; le radier a une pente en travers de 10 centimètres, formant caniveau au milieu, et une faible pente en longueur dans le grand biez, pour conduire l'eau vers les bondes de décharge.

Le mur est élevé en meulière smillée du côté du canal, et en moëlons parementés du côté des terres. Dans l'épaisseur des murs, le béton monte en forme de corroi, jusqu'à 70 centimètres de hauteur. Le béton et les murs sont en chaux hydraulique jusqu'au-dessus du niveau de l'eau. Ils sont recouverts d'une tablette en pierre de taille de 30 centimètres de hauteur, posée avec mortier hydraulique. Derrière cette tablette seront établis ou un pavé, ou un cailloutis.

PLANCHE III.

Plan et coupes d'une Écluse double, et détail des Machines à mortier.

FIGURE 1re.

Plan de l'Écluse double.

C'est plus particulièrement celle qui est construite au-dessus de la rue Grange-aux-Belles. On fera remarquer seulement en quoi les écluses du canal Saint-Martin diffèrent de celles du canal de Saint-Denis.

Les murs d'évasement a.a. sont prolongés jusqu'aux murs de quai, tandis qu'aux écluses du canal de Saint-Denis ils sont brisés à la rencontre du pied du talus des berges , et retournés d'équerre sur ces berges. La différence de construction nécessitait le changement de disposition.

b. b. Il n'y a de passerelle que sur les portes d'amont de cette écluse et de la septième. Il sera peut être nécessaire d'en établir une sur la première, comme au canal de Saint-Denis.

Les angles intérieurs de l'écluse à la rencontre du radier et des bajoyers, sont formés par une assise en pierre c.c. *figures* 1 *et* 2, ce qui n'existe pas au canal de Saint-Denis.

d. d. Murs de soutennement des terres-plains de la cinquième écluse.

e. e. Terres-plains de l'écluse supérieure terminés pour la cinquième écluse, par des perrés et des escaliers qui communiquent avec les bajoyers de l'écluse inférieure. Des bornes séparent la voie publique du terrain réservé au commerce et au service de la navigation. Cette disposition était obligée pour ménager les pentes du quai et des rues latérales, qui peuvent ainsi s'établir depuis l'extrémité amont de la cinquième écluse jusqu'à celle d'aval de la sixième.

FIGURE 2.

Coupe en longueur sur l'axe de l'Écluse.

On voit que le béton qui forme le radier du biez supérieur, descend dans le mur de chute de l'écluse d'amont, passe sous le radier de cette écluse, descend dans le mur de chute de l'écluse d'aval, passe sous le radier de cette écluse, et vient enfin se réunir à celui du radier du biez inférieur.

FIGURE 3.

Coupe en travers de l'Écluse, suivant la ligne f. g. *du plan et de la coupe en longueur.*

On voit que le béton qui règne sous l'écluse se relève de part et d'autre, et monte dans l'épaisseur des murs jusqu'à peu de distance au-dessous du niveau de l'eau. Cette disposition existe à toutes les écluses. On a vu ci-dessus (*planche* 2, *figure* 4, *explication*) que le béton remonte de même dans les murs de quai. Il existe donc dans toute la longueur du canal Saint-Martin, depuis le bassin de la Villette jusqu'à la gare de l'Arsenal, une espèce de cuvette en béton hydraulique qui s'oppose à toute filtration d'eau.

Les filtrations ne pourraient provenir que de ruptures des maçonneries, et seraient toujours faciles à réparer, au moyen de soudures en mortier hydraulique.

FIGURES 4, 5 et 6.

Détails d'une Machine à mortier anglaise.

4. Plan de la machine.
5. Élévation de cette machine.
6. Coupe suivant l'axe de cette machine.

La machine est posée sur un châssis, formé de quatre pièces de bois posées deux par deux parallèlement et en croix, *voyez figure* 4. Elle se compose d'un tonneau cerclé en fer, et un peu plus étroit en haut qu'en bas, *voyez figure* 5 *et* 6, et d'un arbre vertical en fer, armé de couteaux et de rateaux, tournant horizontalement à différentes hauteurs dans ce tonneau. *Voyez figure* 6. Dans cette figure, on ne voit que des rateaux au nombre de 4 en a.a.a.a. Les couteaux ne sont vus qu'en projection b.b.b.b. ; ils sont aussi au nombre de 4.

L'arbre vertical en fer, tourne sur une crapaudine c. fixée au fond du tonneau, et dans un collier d. porté par une anse en fer e.e. fixe qui surmonte le tonneau. Cet arbre est mis en mouvement par un levier horizontal f. f. *figure* 5, à l'extrémité duquel est attelé un seul cheval ou même un âne. On jette successivement la chaux et le sable dans les proportions données, par la partie supérieure du tonneau qui est ouverte. Au bas du tonneau est une petite porte en tôle et à coulisses g. *figure* 5, par laquelle le mortier sort parfaitement mélangé. A mesure qu'il sort du mortier par le bas, il faut remettre de la chaux et du sable par le haut ; il faut que le tonneau soit toujours plein, ou à peu près. La première fois qu'on le remplit, le sable et la chaux qui sortent d'abord ne sont pas bien mêlés, il faut les rejeter dans le tonneau.

La machine peut être facilement changée de place. On a soin de la poser de manière à ce que le mortier tombe dans une fosse où les brouettes viennent le chercher sans arrêter la marche du manège. Il ne faut pas que le sable soit trop sec ni trop gros. Du sable de rivière nouvellement tiré convient parfaitement.

Cette machine coûte 400 fr. environ d'établissement : son entretien est peu de chose quand elle est bien conduite.

Le prix de la fabrication d'un mètre cube de mortier, avec cette machine, est de 93 centimes. Elle peut fournir par jour 10 à 11 mètres cubes de mortier.

Le sable et la chaux sont parfaitement mélangés comme je l'ai dit ; mais le mortier n'est pas assez comprimé et broyé, manœuvre qui ajoute beaucoup, comme on sait, à sa qualité.

Cette machine a très-peu servi pour le canal Saint-Martin ; on lui a substitué celle que je vais décrire ci-après, et qui lui est bien préférable.

FIGURES 7, 8 et 9.

Machine française de M. Saint-Léger.

7. Plan de la machine.

8. Coupe de la machine sur son axe, où cependant les roues sont vues en
entier.

9. Racloir pour détacher le mortier des parois de l'auge.

La machine de M. Saint-Léger est composée d'une auge annulaire en
bois, dans laquelle roule une roue de voiture, tournant sur un essieu dont
une extrémité est fixée au centre de la fosse annulaire, et à l'extrémité duquel est attelé un cheval.

Les distances entre le centre de la fosse, la roue et le point d'attache du
cheval, sont calculées de manière à employer le plus utilement possible toute
la force d'un cheval marchant au pas. La largeur de la fosse est en rapport
avec celle de la roue, qui est ordinairement une vieille roue de charrette hors
de service pour tout autre usage.

Ayant eu beaucoup de mortier à faire au canal Saint-Martin sur une même
place, on a jugé avantageux de faire faire les fosses plus larges, et de placer
deux roues sur le même essieu, lesquelles parcourent deux voies un peu différentes. Il a fallu alors atteler deux chevaux à l'essieu, prolongé de part et
d'autre en dehors de chaque roue. *Voyez figures 7 et 8.*

On met d'abord dans la fosse toute la chaux qu'on veut employer dans une
bassinée, en ayant soin de ne pas l'accumuler sur un seul point, mais en la
jetant au contraire dans toute l'étendue de la fosse. On fait faire quelques
tours aux roues afin de bien ramollir et étendre la chaux : on jette ensuite
successivement à la pelle, et au fur et à mesure que le mélange s'opère, tout
le sable nécessaire, d'après les proportions adoptées et sans arrêter la marche
des chevaux. Dans une demi-heure la bassinée est fabriquée. On prend une
demi-heure pour vider le mortier, et recharger la fosse en chaux seulement.
Ce temps est nécessaire pour le repos des chevaux, dont le travail est fort
pénible à la fin de la fabrication de chaque bassinée. On peut faire facilement
3 mètres cubes de mortier par bassinée. On aura donc autant de fois 3 mètres
cubes par jour que l'on aura d'heure de travail des chevaux. Dans un cas pres-
sant on peut établir des ateliers de relais, et faire par conséquent 72 mètres
cubes de mortier en 24 heures.

Dans la marche des roues, le mortier comprimé sur le fond de la fosse tend à remonter des deux côtés, et à s'appliquer contre les parois. Pour le rabattre, on adapte à l'essieu deux racloirs en bois garnis de tôle, *voyez figure* 9, qui chacun suivent de très-près une des parois de la fosse. Le racloir et la roue situés sur le même bras de l'essieu, sont placés de manière à suivre les parois opposées de la fosse.

La machine est facilement transportable, et même la fosse, si elle est en bois. Dans de grands ateliers il vaut mieux la faire en moëlons, qui trouvent toujours leur emploi à la fin des travaux. Cette machine, dont l'entretien est presque nul, coûte, savoir :

1er. *Établissement.*

Maçonnerie. . . . . 133 fr. 00 c.
Charronnage. 400   00

Ensemble. . 533 fr. 00 c.

2e. *Établissement.*

Démolition et transport. . . . . 23 fr. 00 c.
Maçonnerie comme ci-dessus. 133   00
Charronnage. 8   00

Ensemble. . . 164 fr. 00 c.
La valeur intrinsèque des matériaux est de. 91   00

Reste. . 442 fr. 00 c.

Pour le service de la machine pendant une journée de 10 heures, il faut :

Un surveillant à. . . . . 2 fr. 50 c.
Deux chevaux à 5 fr. 10   00
Quatre garçons à 2 fr. 8   00

20 fr. 50 c.

Intérêt du prix de la machine et entretien, en supposant qu'elle n'ait servi que dans un seul emplacement : à 10 pour %. pour un jour, en comptant 300 jours de travail par an. . . . 0   15

20 fr. 65 c.
Par heure. . . . . 2 fr. 06 c.
Par chacun des 3 mètres de mortier. . . . . 0 fr. 69 c.

Passé à. . . . . 0 fr. 70 c.

Au canal Saint-Martin il y avait, pour le radier seulement, environ 24,000 mètres cubes de mortier à faire.

Si tous les terrains eussent été libres, et si on eût pu suivre l'organisation des ateliers qui avait été ordonnée, on aurait eu cinq premiers établissemens de machine qui, à 442 fr. valent. . . . .   2,210 fr. 00 c.

35 établissemens secondaires à 164 fr.   5,740   00

7,950 fr. 00 c.

Dont l'intérêt à 10 pour cent par an, comprenant l'entretien des machines, est pour un an. . . . . . . : . . . .   795 fr. 00 c.

Ce qui fait pour un mètre à raison de 24,000 mètres. . .   0   03

La fabrication du mortier coûte (à raison de 20 fr. 50 c. les 30 mètres) pour un mètre.   0   69

Ensemble. . .   0 fr. 72 c.

Il est impossible de fabriquer le mortier à bras à moins de.   1 fr. 08 c.

Économie. . . .   0 fr. 36 c.

Et pour 24,000 mètres. . . . .   8,640 fr. 00 c.

Cet avantage est bien peu de chose à côté de celui qui résulte de la meilleure fabrication. Il n'était pas cependant à négliger.

On remarquera que ces prix ne comprennent que la fabrication, sans aucuns transports pour l'approche et l'enlèvement des matériaux.

Si la machine doit être déplacée plusieurs fois dans l'année, il faut ajouter à son prix 164 fr., par chaque déplacement; mais si elle n'est déplacée que l'année suivante, pour cette année son prix n'est que de 164 fr. Cette machine admet toute espèce de sable.

Le mortier est parfaitement mélangé, et de plus, il est broyé par le poids de la roue qui doit être tel qu'elle pénètre toujours jusqu'au fond de la fosse. Quand la roue n'est pas assez lourde par elle-même pour cela, il faut charger l'essieu près du moyeu avec des pierres, ou tout ce que l'on a à sa portée. La marche oblique de cette roue augmente encore son bon effet.

Presque tous les mortiers employés au canal Saint-Martin ont été faits avec des machines de ce genre, et il y en a eu un grand nombre.

Les avantages qui résultent de l'emploi des machines à mortier, sont 1°. l'économie sur le prix de la fabrication quand on en fait une quantité assez considérable.

2°. La certitude du dosage, parce que la surveillance en est très-facile, et qu'un charretier regarde moins à donner un coup de fouet à son cheval, qu'un manœuvre à pousser vigoureusement son rabot.

3°. La diminution énorme du nombre d'ouvriers manœuvres employés à la fabrication, ce qui est d'une grande importance, car les manœuvres font souvent la loi dans les ateliers. Aux époques de la fauchaison, des moissons et des vendanges, ils disparaissent des chantiers, où ils gagnent moins qu'aux travaux de la campagne, et laissent souvent de grands ateliers dans l'embarras. Il faut les faire remplacer par des ouvriers d'un plus haut prix, ou laisser languir les travaux.

Par les mêmes raisons qui font préférer l'emploi des chevaux à celui des hommes, pour la fabrication du mortier, on devrait préférer aussi celui des machines à vapeur; mais pour que ce moyen fût réellement utile, il faudrait avoir sur un même point une très-grande quantité de mortier à fabriquer, afin de construire des fosses qui en continssent au moins 10 mètres cubes. On pourrait faire ainsi 240 mètres cubes de mortier en vingt-quatre heures. L'économie que l'on ferait sur la fabrication, pourrait servir à payer un transport plus éloigné qu'il ne l'est ordinairement.

PLANCHE IV.

Détails des Portes des Écluses.

Cette feuille comprend seulement les détails des pièces qui n'existent pas au canal de Saint-Denis.

FIGURE 1re.

Plan d'un quart de cercle en fonte denté servant à la manœuvre des portes. Ce quart de cercle est placé horizontalement, et attaché à l'entretoise supérieure, au moyen de trois boulons à tête fourchue a.b.c. On voit l'emplacement de ces boulons *figures 2 et 3, mêmes lettres.* Dans la maçonnerie du bajoyer on a scellé une sorte de borne formée de quatre montans en fer, *voyez figure* 1 d.d.d.d. *et* 4, entre lesquels est un double engrenage e.f., et un arbre vertical terminé à la partie supérieure de la borne par un engrenage conique g., et par une manivelle h. Un homme de force moyenne agissant sur la manivelle, ouvre et ferme la porte avec la plus grande facilité. Ce mécanisme présente des avantages dans l'intérieur de Paris et sur les quais du canal Saint-Martin, où la place est très-précieuse et la surveillance facile. Il ne serait pas applicable dans beaucoup d'autres circonstances, quoiqu'il soit moins dispendieux que plusieurs moyens en usage pour la manœuvre des portes.

FIGURE 2.

d. Ancres. e., tirans. f., colliers avec le boulon. g., enfourchures des

6

portes. i., frettes. On voit aussi l'emplacement des boulons a. b. c. qui retiennent le quart de cercle en fonte sur l'entretoise; mais ce quart de cercle lui-même n'est point indiqué, afin d'éviter la confusion. On voit enfin le commencement du garde-corps h. et de l'écharpe k. placée sur la face d'amont de la porte. Il existe aussi une écharpe en aval comme au canal de Saint-Denis. Ces deux écharpes, la frette et le premier montant du garde-corps sont passés dans le même boulon a. qui retient le quart de cercle en fonte. Ce système de deux écharpes, qui sont encore passées dans un même boulon à la partie inférieure du poteau busqué, et que l'on peut raccourcir au moyen de moufles, produit un très-bon effet et pourrait permettre de supprimer le bracon.

FIGURE 3.

Coupe sur le premier poteau du garde-corps h., les colliers, leur boulon et une partie du quart du cercle en fonte.

FIGURE 4.

Mécanisme fixe, scellé dans le couronnement du bajoyer, pour la manœuvre des portes, au moyen d'un double engrenage et d'un quart de cercle denté.

Le quart de cercle et les engrenages sont encastrés dans la maçonnerie, et recouverts d'un plancher mobile en bois.

FIGURES 5 et 6.

Coupe et plan de la crapaudine renversée, sur laquelle tourne la porte d'écluse. On avait observé au canal de Saint-Denis, qu'après avoir encastré le pivot, *voyez Description de ce canal, planche 5, fig. 23 et planche 6, figures 10 et 11*, dans le poteau-tourillon, et avoir marqué le centre de ce poteau sur ce pivot que l'on déposait ensuite afin de percer le trou; quelque soin que l'on prît, en le reposant, il n'arrivait presque jamais que le trou fût exactement au centre, à cause du jeu qui existe toujours dans les encastremens de semblables pièces. Pour éviter cet inconvénient, on a prescrit de laisser dans la fonte un vide beaucoup plus grand, et en forme de losange a. b. Après avoir fixé le pivot solidement et définitivement, on rapporte dans le vide une pièce en fer forgé de forme semblable c. d., mais moindre, dans laquelle on a percé à l'avance le trou de la crapaudine e. Cette pièce de rapport se place facilement au moyen de petits coins en fer, de manière à faire correspondre le centre du trou à celui du poteau tourillon : on la scelle ensuite solidement.

FIGURES 7 et 8.

Anilles pour retenir le heurtoir contre le busc.

On s'est aperçu, au canal de Saint-Denis, que les boulons verticaux, *voyez planche* 6, *figure* 9, *description de ce canal*, ne suffisaient pas pour maintenir le heurtoir en place, quand on calfatait le joint c., *figure* 8, pour le rendre étanche. Afin de remédier à cet inconvénient, on a placé l'anille b.d.*fig.* 7 *et* 8, qui, d'un bout, est encastrée dans le busc et de l'autre est prise dans le boulon a. b., en dessous de son écrou.

FIGURES 9, 10 et 11.

Crics en fonte pour la manœuvre des ventelles.

Les crics du canal de Saint-Denis ont donné lieu à beaucoup de plaintes : ils n'étaient pas solides, quoique fort chers. Pour en avoir de meilleurs, il a fallu faire une plus grande dépense aux trois dernières écluses du canal Saint-Martin, du côté de la Seine, qui ont été les premières terminées. Ayant eu depuis connaissance qu'il existait des crics en fonte sur le canal de Bourgogne, qui duraient depuis dix ans sans réparation, on en a fait fondre à Paris sur le modèle ici représenté ; ils remplissent parfaitement leur objet, et coûtent le quart du prix des autres.

La tige du cric est aussi en fonte.

FIGURES 12, 13 et 14.

Élévation, coupe et plan de l'ensemble du cric et de la ventelle. On voit aussi en élévation l'écharpe de la face d'amont.

FIGURES 15 et 16.

Coupe et élévation du châssis à coulisses de la ventelle, qui diffère peu de celle du canal de Saint-Denis. La *figure* 15 représente le recouvrement en fer fondu, et la *figure* 16, le châssis en fer forgé, assemblé et dressé, sur lequel glisse la ventelle.

PLANCHE V.

Pont-Tournant.

FIGURES 1, 2 et 3.

Élévation, plan et coupe sur l'axe de rotation.
Sur ces trois figures, les mêmes lettres indiquent les mêmes objets.

FIGURE 4.

Coupe en travers d'une partie du pont, suivant la ligne AB, *fig.* 1 *et* 2. Arbre portant un pignon b., au moyen duquel on fait tourner le pont.

c. Grande roue dentée et son pignon d., dont l'axe est maintenu à sa partie inférieure par un système de brides en fer k.k. attachées aux pièces du pont. Ces brides soutiennent aussi l'extrémité de l'axe du premier pignon b.

e. Portion du cercle dentée fixe, qui contrebutte l'action du pignon d.

f.f. Poutres en sapin de toute la longueur du pont. f'.f'. Sous-poutres en chêne liées aux poutres par des pièces du même bois g.g. Entre ces pièces sont des madriers de champ h.h. qui, remplissant tout l'espace, les rendent solidaires.

l.l. Boulons qui traversent toutes les pièces en chêne. m., plate-bande en fer fondu pour chasser les roues des voitures. n., pied d'un des montans du garde-corps.

FIGURE 5.

Les mêmes lettres indiquent les mêmes pièces que dans la figure précédente. On voit de plus la coupe du second plancher lequel est en bois d'orme. Les madriers sont débités d'épaisseur inégale et posés en crémaillère, afin de donner plus de prise aux pieds des chevaux.

FIGURE 6.

Engrenage. Les mêmes lettres indiquent encore les mêmes objets que dans la figure précédente.

FIGURE 7.

Manivelle verticale au moyen de laquelle on manœuvre le pont. Quoique sa situation ne soit pas favorable à l'application de la force d'un homme, cependant elle offre très-peu de résistance ; il est vrai que quelques-uns de ces ponts marcheraient facilement même sans mécanisme, ce qui tient à la perfection de leur pose.

FIGURES 8 et 9.

Petit galet en fonte dans sa chape qui est fixée sur la plate-forme inférieure en maçonnerie. Les extrémités des poutres viennent poser sur plusieurs de ces galets, quand le pont est fermé, c'est-à-dire, livré au public.

FIGURE 10.

o. Lien qui attache la colonne s. sur les traverses supérieures r.r., au moyen de quatre boulons q.q.

FIGURE 11.

Les mêmes lettres indiquent les mêmes objets que dans la figure précédente. f″.f″., pièces en charpente qui portent sur le cercle en fonte posé sur les galets également en fonte. *Voyez figures* 18 *et* 21. S., colonne en fonte posée sur la grosse traverse inférieure V.V., et du sommet de laquelle partent deux tirans en fer t.t. qui soutiennent les deux extrémités du pont. *Voyez figure* 1ʳᵉ. U., ceinture ou bride en fer qui empêche l'écartement du pied de la colonne.

FIGURE 12.

Coupe sur le milieu de la colonne, faisant voir l'intérieur de la patère dans laquelle passent les deux tirans en fer, lesquels sont retenus ensemble par un boulon qui traverse aussi cette patère. On voit que cette patère est posée sur un tuyau en fonte entrant dans le chapiteau, et que l'un et l'autre sont réunis par un goujon qui le remplit entièrement. Ce goujon en bois de frêne est garni d'un cordage goudronné, ce qui rend tout le système plus élastique et plus propre à résister à des secousses violentes, que s'il était entièrement composé de corps durs.

FIGURE 13.

Coupe de la patère et de son tuyau en fonte, perpendiculairement à la coupe précédente.

FIGURES 14 et 15.

Élévation et coupe de l'extrémité d'un des tirans formant fourchette.

FIGURES 16 et 17.

Élévation et coupe de l'extrémité du second tirant, entrant dans la fourchette du premier. Les deux tirans peuvent être raccourcis au moyen de moufles.

FIGURE 18.

Coupe en travers d'une partie du pont, suivant la ligne DE, *fig.* 1 *et* 2, faisant voir la colonne, le bracon qui la contrebutte, le lien, la bride, et l'écharpe qui la retiennent par le pied, de manière à rendre tout-à-fait invariable de forme, la ferme correspondante. On voit aussi les cercles en fer fondu, entre lesquels tournent les galets en fonte, et le pivot qui supporte le pont.

Les mêmes lettres indiquent les mêmes objets que dans les figures précédentes.

X. Bracon destiné à rendre invariable de forme la ferme du milieu qui porte la colonne, et qui est portée sur le pivot.

Y. Écharpe placée dans le même but.

W. Galets roulans entre deux cercles en fer fondu, marqués en coupe par des hachures noires et larges, fixés, l'un sur la plate-forme en maçonnerie, l'autre sous la charpente du pont. *Voyez la figure* 21.

z. Support en fonte scellé dans la maçonnerie sur un patin également en fonte, et creusé à son extrémité supérieure pour recevoir une crapaudine en acier, dans laquelle porte un pivot d'acier qui est fixé au pont. A l'arrasement de la maçonnerie, ce support est maintenu par un croisillon en fer, également scellé avec solidité. Il traverse dans son centre la grande roue qui porte les galets.

FIGURE 19.

Coupe sur F. G. faisant voir le tourillon qui passe dans l'extrémité inférieure du tirant, avec ses deux attaches à l'extrémité de la ferme. Un système semblable existe à l'autre extrémité de cette ferme pour l'autre tirant.

FIGURE 20.

Élévation de l'assemblage du collier du tourillon, indiqué *figure* 19, avec la poutre de rive du pont. Un système semblable existe de l'autre côté du pont pour l'autre tirant.

Un système analogue maintient le tourillon, dans lequel passe le tirant qui s'étend du côté de la culée du pont.

FIGURE 21.

Portion de la grande roue qui porte les galets, et qui est traversée par le pivot z. On voit que cette roue est composée d'un grand nombre de pièces réunies par des boulons. Les galets ne portent qu'accidentellement, et deux au plus à la fois, par les balancemens du pont. C'est le pivot qui porte toute la charge, laquelle est d'environ 45,000 kilogrammes.

f″. f″. Supports en fonte pour recevoir les pièces désignées par ces lettres dans la figure 11.

Le système des ponts-levis établis sur le canal de Saint-Denis ne pouvait convenir dans l'intérieur de Paris; aussi le projet du canal Saint-Martin indiquait-il des ponts tournans à deux volées et en fer fondu, semblables, aux dimensions près, à celui du bassin de la Villette. La manœuvre de ce dernier pont n'étant pas très-facile, et occasionnant quelquefois des fractures, surtout à cause du frottement des deux volées l'une contre l'autre, on a demandé que les ponts du canal Saint-Martin fussent à une seule volée. Avant d'arrêter le choix d'un système de pont, on a passé en revue tous ceux connus, on a même étudié des idées nouvelles, enfin on a chargé M. l'ingénieur Duleau d'aller examiner en Belgique, en Hollande et en Angleterre les ponts existans; et c'est sur les renseignemens rapportés par cet ingénieur qu'a été rédigé le projet de pont que nous venons de décrire. L'importance des communications dans Paris, et le service de la navigation demandaient que les ponts pussent être manœuvrés avec promptitude et sécurité, et qu'ils fussent capables de supporter les plus lourdes voitures de roulage : ils devaient donc réunir la légèreté à la solidité. Nous pouvons dire que le problème a été complètement résolu. Pressé par le temps, on n'a pu faire les ponts entièrement en fer, mais la charpente sera facilement remplacée par la fonte, si on le juge convenable dans la suite. Les principales poutres sont en sapin des Vosges, parce que l'on n'a pu se procurer alors ni en chêne, ni en sapin du Nord des pièces de longueur suffisante : le reste de la charpente est en chêne. L'exécution de ces ponts a été très-soignée, et ne laisse presque rien à désirer.

PLANCHE VI.

FIGURE 1ʳᵉ.

Élévation du pont de Pantin. La gauche représente la tête en amont du pont, et la droite, la tête en aval. On voit en même temps à gauche la coupe du bajoyer de la deuxième écluse, à droite, la coupe du mur de quai, et aussi les coupes des radiers. Ce pont n'a point de chemin de halage.

En supprimant les escaliers de la tête en aval, le dessin représente aussi les deux têtes du pont de la rue des Morts.

FIGURE 2.

Coupe en longueur d'une partie du pont de Pantin en amont. Ce pont a 70 mètres d'une tête à l'autre.

En arrêtant cette coupe à 6 mètres de la tête, elle représente la moitié de celle du pont de la rue des Morts, en amont. En aval ce pont n'a pas d'escaliers.

On a indiqué, sur les figures 1 et 2, le système des cintres qui ont été employés.

FIGURE 3.

Élévation du pont de la butte Chaumont. Il n'y a pas d'escaliers. Ce pont est biais et n'a pas de chemin de halage.

FIGURE 4.

Coupe en longueur de la moitié de ce pont en aval. Il n'y a pas d'escaliers.

FIGURE 5.

Élévation de la moitié de la tête en aval du pont de la Bastille, lequel a 11 mètres de largeur, et 180 mètres de longueur d'une tête à l'autre, avec deux chemins de halage pavés; et du mur de tête de la gare de l'Arsenal, le long duquel sont deux escaliers pour communiquer de la place de la Bastille avec les chemins de halage.

A gauche on voit la coupe du mur de soutennement du boulevard Bourdon et du chemin de halage construit à son pied. On voit aussi l'égout construit sous ce chemin de halage, et dont les pieds-droits sont, d'une part l'ancien mur, et de l'autre, le nouveau du côté de la gare. Le radier de cet égout est formé d'un corroi de terre grasse provenant des fouilles, recouvert d'une couche de béton hydraulique, et d'un pavage en meulière smillée, construit en voûte renversée. Le mur de séparation entre l'égout et la gare, est dans toute sa hauteur construit en chaux hydraulique. Le chemin de halage est pavé en chaux de même nature. Il y a des regards pour l'égout, de cent mètres en cent mètres.

FIGURE 6.

La partie gauche de ce dessin, en supprimant le béton et les pieux d'enceinte des fondations, et en remplaçant la balustrade à jour par un parapet en pierres de taille, représenterait la tête en amont du pont de la Bastille. La partie à droite est une coupe de ce pont sur une des chaînes en pierres de taille.

Cette figure 6 montre la tête en aval et la coupe du pont fixé sur l'écluse en Seine. Ce pont a la même section que celui de la place de la Bastille, et a de même deux chemins de halage pavés. Le parapet est formé d'une balustrade en fer fondu semblable à celle du pont de la route de Flandre sur le canal de Saint-Denis. Cette balustrade en fer ne présente pas de grands avantages sous le rapport de l'économie; mais elle met de l'harmonie entre les ouvrages du canal Saint-Martin sur ce point, et le pont du Jardin-du-Roi qui est près de là et qui est entièrement en fer.

FIGURE 7.

Coupe en longueur sur la moitié de ce pont.

FIGURE 8.

Égout latéral, à son embouchure dans la Seine. La forme ogive de sa voûte provient de ce que l'on a voulu conserver à la fois, à cet égout, la même hauteur sous clef et la même hauteur de pieds-droits qu'il a, un peu plus en amont, *voyez fig.* 5, tout en réduisant sa largeur à 1^m. 30^c. Ce profil règne depuis la Seine jusqu'à la gare de l'Arsenal.

On voit, *figure* 5, le profil de cet égout dans toute l'étendue de la gare. Sa largeur est bien plus considérable qu'il n'était nécessaire; mais il en aurait coûté plus pour le faire moins large, la largeur du chemin de halage étant déterminée par d'autres considérations.

FIGURE 9.

Profil de l'égout en amont de la gare, dans un endroit où il est appuyé d'un côté sur un ancien mur que l'on n'a pas démoli.

FIGURE 10.

Profil de l'égout sur un de ses regards, et de la moitié du canal. a., grille en fonte percée à jour, pour l'écoulement des eaux des ruisseaux.

FIGURE 11.

Profil de l'égout en grande section, commençant au ruisseau de la rue Saint-Louis, au point 3 du plan général, *planche* 1re.

FIGURE 12.

Profil de l'égout en petite section, depuis le point précédent, jusqu'à la rue des Récollets, à l'origine de l'égout latéral.

FIGURE 13.

Égout en moyenne section construit sous la rue d'Aval pour conduire directement à l'égout latéral les eaux de celui de la Roquette.

C'est aussi la section de la partie d'égout construite sur la rive droite du canal entre l'ancien égout Amelot et la septième écluse.

FIGURE 14.

Profil d'une partie d'égout construite en amont de celle représentée *figure* 9. Tout l'égout latéral devait avoir ce profil; on a proposé de lui substituer celui représenté *figure* 11, qui a le même développement à l'extérieur de la maçonnerie, un plus grand développement dans l'intérieur, et par conséquent moins de maçonnerie avec une plus grande section pour l'écoulement de l'eau. Les égouts que l'on a construits suivant ce profil, sont très-aérés, et ont coûté beaucoup moins cher. Ce profil, *figure* 11, est adopté généralement pour tous les égouts à construire désormais dans Paris, à cause des avantages qu'il présente.

FIGURES 15 et 16.

Coupe en travers et en longueur d'un des aqueducs en fonte destinés à conduire dans l'égout latéral de la rive gauche du canal, les eaux pluviales et ménagères de la rive droite, qui ne peuvent pas avoir d'écoulement par les rues de ce côté. *Voyez planche* 1re., n°s. 5, 6, 7 *et* 9. *Figure* 16. a., *à gauche*, grille en fonte à travers laquelle les eaux des ruisseaux descendent dans le

7

puisard b. Ces eaux déposent les plus grosses vases dans le fond du puisard, et passent ensuite dans le tuyau c., pour se verser dans l'égout en d.

Le tuyau a 30 centimètres de diamètre : cette dimension est calculée de manière à suffire à l'écoulement de l'eau d'une des plus fortes averses consignées sur le registre de l'Observatoire de Paris, lesquelles n'excèdent pas en durée une heure et demie, et en hauteur d'eau tombée $0^m.04^c$. Ce tuyau passe à travers les murs, et il est encastré dans une cunette en béton pratiquée dans le radier, *voyez figure* 15, et enveloppée de cailloux sans mortier.

e.e. Couche de béton du radier.

f. Cunette en béton.

g.g. Cailloux enveloppant les tuyaux et régalés de niveau avec le radier, afin que les bateaux et les instrumens des mariniers ne puissent pas rencontrer les tuyaux et les briser. Dans le cas où les tuyaux demanderaient une réparation ou un curage, on déplacerait facilement les cailloux. Dans le milieu de la longueur de la conduite, on a placé, pour son nétoiement, deux tuyaux à bride qui peuvent être démontés facilement. Tous les autres sont à manchon.

FIGURE 17.

Décharge du fond du canal dans l'égout latéral. *Voyez planche* 1re., n°s. 4 *et* 8.

En e. est la tige d'un empellement qui ferme en f. le tuyau h. Ce tuyau débouche en g. dans l'égout latéral. Le fond du radier est dressé de manière à donner de l'écoulement aux eaux vers ce point. Il y a deux décharges semblables indépendamment de celle d'un autre genre existant en aval du 2e. biez, qui peuvent servir, non-seulement à vider le canal de fond, mais encore à jeter dans l'égout des eaux fraîches pour le laver. Celle qui est représentée *figure* 7, est située en aval de la rue du Faubourg du Temple, et a peu de chute dans cet égout, dont le fond sur ce point est très-élevé, à cause de son éloignement de la Seine; c'est même ce qui a empêché de mettre cette décharge au-dessus de la rue du Faubourg du Temple, comme on l'avait désiré. L'autre décharge, située entre la rue Saint-Sébastien et celle du Chemin-Vert, a plus de chute dans l'égout, étant plus rapprochée de la Seine.

Observations sur le mode de fondations et quelques autres détails de construction des divers ouvrages du canal Saint-Martin.

Le chenal de prise d'eau dans le bassin de la Villette a été fondé sur le terrain naturel, qui est un sable assez fin, au moyen d'une couche de béton de 0^m. 60^c. à 1^m. 10^c. de hauteur.

L'emplacement du chenal avait été séparé du bassin de la Villette par un bâtardeau formé de deux rangs de poutrelles entre lesquelles on avait battu du sable provenant de la fouille, mélangé d'un 10e. de chaux hydraulique, sur un mètre environ d'épaisseur. Ce bâtardeau a très-bien tenu l'eau, et le sol sablonneux, ainsi que les murs du bassin, n'en ont laissé passer que très-peu. Ce bâtardeau a suffi pour faire les constructions presque sans épuisemens, quoique les eaux du bassin de la Villette fussent à 2^m. au-dessus du fond de la fouille.

La 1re. écluse est fondée sur un sable de même nature, au moyen d'une couche de béton de 0^m. 75^c. à 0^m. 45$_c$. d'épaisseur. Il ne s'est pas présenté de filtrations dans cette fouille qui était à 4^m. 50$_c$. au-dessous du niveau de l'eau dans le bassin de la Villette, et seulement à 20^m. de ce bassin.

La 2e. écluse est fondée sur des bancs de pierre à plâtre, au moyen d'une couche de béton de 0^m. 85^c. à 0^m. 55^c. d'épaisseur.

Il ne s'est manifesté aucune filtration dans les fouilles, quoique l'on ne fût qu'à 60 mètres du bassin de la Villette. On était cependant à 8^m. 50^c. de profondeur au-dessous des eaux de ce bassin, ce qui prouve que celles qu'il perd par filtrations ne se dirigent pas sur le versant de Paris. On les a retrouvées au contraire incontestablement dans les fouilles des fondations des écluses 1re., 2e., 3e., 4e., et peut-être même 5e. du canal de Saint-Denis. On avait préparé sous le chemin provisoire qui a été établi pendant la construction du pont de Pantin, un aqueduc pour l'écoulement des eaux de filtrations ou d'épuisemens. Il a été tout-à-fait inutile.

Le pont de Pantin est fondé comme la deuxième écluse, sur des bancs de pierre à plâtre. On a même conservé, dans le massif de la culée, rive droite, une portion d'un banc très-dur qui s'est trouvé dans les fouilles.

L'imperméabilité des murs, qui sont construits en mortier hydraulique, ne permet pas de craindre que ces bancs de plâtre soient délavés et dissous. La couche de béton qui règne sous le pont a 40 centimètres d'épaisseur.

Les murs du premier bassin du premier biez sont en partie sur des bancs de pierre à plâtre, en partie sur d'anciens remblais, ou sur des carrières que l'on a nouvellement remblayées en pierres à plâtre et en sable. Ces murs sont fondés sur une couche de béton plus ou moins épaisse, posée elle-même, quand le terrain n'a pas paru suffisamment solide, sur un remblai en sable plus ou moins large et profond, suivant la nature du sol, et la consistance des anciens remblais.

Le pont de la butte Chaumont est fondé de la même manière, à une profondeur de près de 2 mètres.

Les murs de quai de la deuxième partie du premier biez, sont fondés comme ceux de la première partie. A l'extrémité en aval sur la rive gauche il s'est fait, après la première introduction de l'eau dans le canal, un tassement qui a nécessité la démolition du mur sur 30 mètres environ de longueur, et sa reconstruction sur un massif en béton de 2 mètres de hauteur.

Les murs d'évasement de la troisième écluse sont fondés sur des terres anciennement remuées, au moyen de massifs en béton qui vont progressivement en augmentant de hauteur depuis $1^m. 20^c.$ jusqu'à $2^m. 30^c.$

La chambre des portes d'amont de la troisième écluse est fondée sur des terres sablonneuses anciennement remuées; mais très-compactes, au moyen d'un massif en moëlons descendu à $4^m. 10^c.$ au-dessous du radier de cette chambre.

Ces terres sablonneuses anciennement remuées, se perdent dans la longueur de l'écluse, dont l'extrémité en aval est fondée sur un tuf marneux solide. Toute l'écluse est fondée au moyen d'un massif en béton de $1^m. 25^c.$ à $0^m. 95^c.$ d'épaisseur.

La $4^e.$ écluse est fondée sur le même tuf marneux solide, au moyen d'une couche de béton de $0^m. 95^c.$ à $0^m. 55^c.$ La chambre des portes intermédiaires l'est à la même profondeur, au moyen d'un massif en moëlons.

Le pont de la rue des Morts est fondé sur le même tuf marneux, au moyen d'une couche de béton.

Les murs de quai du deuxième biez jusqu'à la naissance de la courbe, sont fondés sur le même tuf, au moyen de la même couche de béton qui forme le radier.

A partir de la courbe, le terrain a changé de nature. On a trouvé une terre compacte, sablonneuse, coupée fréquemment par d'anciennes fouilles et des caves très-profondes. Les parties les plus basses ont été remplies en maçonnerie de moëlon et mortier, recouvertes de la couche ordinaire de béton. Le terrain sur la rive droite surtout était fort tourmenté.

La cinquième écluse est fondée de la même manière jusqu'au massif du mur de chute d'aval de cette écluse, lequel est celui d'amont de la sixième écluse.

Ce massif et la sixième écluse, sont fondés sur une terre argileuse compacte, confondue quelquefois avec un tuf friable dont la couche se perd ou s'enfonce vers ce point.

Les murs de quai du premier bassin du troisième biez, comprenant la place des Marais, sont fondés sur un terrain semblable, qui est quelquefois un peu plus bas; c'est à ce qu'il paraît le point où se réunissaient autrefois les eaux du côteau de Belleville, et celui où se manifestent d'abord les inondations souterraines de ces quartiers après les années pluvieuses. *Voyez le mémoire de M. Girard sur les inondations souterraines.*

Les ponts du faubourg du Temple et tous les autres jusqu'à la septième écluse, ainsi que tous les murs de quai, sont fondés à 1 mètre ou 1^m.30^c. de profondeur, sur un terrain compact et sablonneux solide, qui précède de quelques pieds un très-beau sable que l'on trouve presque partout dans ces quartiers de Paris.

Ces murs sont fondés, au moyen d'une couche de béton de caillou posée en partie sur un massif en moëlons et mortier ordinaire, et le reste sur un béton maigre, composé de six à huit parties de sable contre une de chaux hydraulique, pilonné par petites couches de 1^m.55^c. de largeur. Ces divers systèmes de fondations ont donné lieu à des discussions assez vives, dans lesquelles la compagnie a défendu les fondations en béton de sable comme suffisantes (*voyez la note à la fin de la description*), sous le rapport de la solidité, et bien préférable sous celui de l'imperméabilité. On lui a opposé son traité, et elle a été obligée, en 1825, d'exécuter les fondations sur des massifs de moëlons. Les attaques dirigées contre le système adopté par la compagnie, étaient principalement fondées sur des fissures que l'on avait remarquées dans les murs. On les a comptées et mesurées, et on a trouvé qu'elles étaient au nombre de 174 et avaient, *toutes ensemble,* mesurées à l'endroit le plus ouvert, une largeur d'un décimètre, c'est-à-dire environ un demi-millimètre par fissure. Ce serait être trop exclusif, que de dire qu'aucune de ces fissures ne provenait de tassemens inégaux; mais on peut affirmer, avec certitude, que beaucoup d'entre elles provenaient des effets de la dilatation par la chaleur, et du retrait par le refroidissement. Ce qui le prouve incontestablement, c'est qu'elles se fermaient en été après s'être ouvertes pendant l'hiver. On ne peut

pas plus contester la dilatation des pierres que celle des métaux, des expériences anciennes, celle du pont de Souillac et une foule de faits que l'on
pourrait citer, rendent visible un fait dont théoriquement on ne peut douter.
Or, une maçonnerie en mortier hydraulique ne forme qu'une seule pierre
sujette à la dilatation, et qui doit se rompre quand le frottement sur son assise est supérieur à sa force de cohésion. Ces fissures ne pouvaient avoir
aucun résultat fâcheux, ainsi que l'a bien prouvé l'introduction de l'eau dans
le canal, où se maintenant toujours à peu de chose près à la même tempéra-
ture, et préservant les murs des dilatations et retraits alternatifs, elle con-
serve aux fissures une largeur constante et si faible, que l'on n'a même pas pris
la peine de les boucher toutes. Le système de fondation en béton de sable trou-
vera de nombreuses applications pour des constructions peu élevées. Ce béton
plus ou moins maigre, peut aussi servir efficacement pour rendre étanche des
canaux perméables, en l'enterrant, sous le sol, par couche même peu épaisse.

La septième écluse est fondée sur le sable fin dont nous venons de parler ;
mais comme il est à une plus grande profondeur, les fouilles ont atteint
un sable d'une meilleure qualité. Le radier a une épaisseur totale de 1 mètre.

La huitième écluse est fondée sur un sable de la meilleure qualité possible,
mais dans lequel il a fallu s'enfoncer, et qu'il a été fort difficile de contenir
latéralement, parce qu'il était pénétré par des eaux très-abondantes. Il a fallu
battre autour de l'écluse une file de pieux et de palplanches, remplacées souvent par des vannages, et garnis de foin. Le sable coulait par les moindres
joints avec une facilité extrême. On n'a pu établir les fondations de l'écluse,
qu'au moyen de libages, qui ont été ensuite recouverts de béton. Les épuisemens ont été considérables.

Le pont de la Bastille a été fondé sur le même sable, ainsi que les murs
de quai qui forment les têtes en aval du pont, et en amont de la gare de l'Arsénal.

Le mur de quai de la gare, en aval sur la rive droite, qu'il a fallu construire dans la direction du mur d'escarpe, a été fondé sur un remblai en
sable pur, de 1^m. 20^c. de hauteur, enfoncé dans une masse de glaise compacte
et imperméable, et formant une espèce de sol factice. Le mur du chemin
de halage, en face de ce mur de quai, a été fondé de la même manière ; le
reste a été établi sur un bon sable naturel.

Les murs de la tête en aval de la gare, et les murs de soutennement du chemin de halage du même côté, sont fondés sur des remblais en sable, posés
dans des glaises assez molles, à une profondeur plus ou moins considérable,
suivant leur résistance.

L'écluse en Seine a été fondée sur un sable naturel, en aval, et sur un sable rapporté, en amont. Le sable rapporté a été posé sur une glaise sablonneuse très-compacte, dans laquelle il se trouvait beaucoup de débris de végétation. L'eau qui provenait des épuisemens avait une odeur sulfureuse très-marquée et déposait même du soufre sur le bord des rigoles d'écoulement. Sur le sol en sable, factice ou naturel, on a posé, savoir : sous le radier, une couche de gros moëlons assez distans les uns des autres pour laisser passer dans les intervalles le béton dont on les a recouverts en le pilonnant. Sous les bajoyers de l'écluse on a mis des libages provenant des démolitions, et sous les culées du pont, on en a placé de neufs d'une grande superficie. Toutes ces constructions, au moyen desquelles on s'est élevé rapidement au-dessus d'une couche d'eau qu'il était impossible d'épuiser, ont été promptement recouvertes et enveloppées de quatre couches successives de béton pilonnées à sec, sur 90 centimètres de hauteur totale.

L'emplacement de l'écluse avait été environné d'une enceinte en pieux et palplanches jointives, qui ont donné la facilité de descendre les fouilles sans les élargir. Ces fouilles ont été creusées à près de trois mètres en contre-bas du busc d'aval, lequel est lui-même à 1ᵐ. 32ᶜ. en contrebas de l'étiage. On se trouvait donc à 4ᵐ. 32ᶜ. au-dessous des eaux de la Seine, au moment de l'étiage, et l'on a eu des crues pendant le travail. On était à quelques mètres de la Seine, aussi a-t-on eu des épuisemens considérables à faire ; pas autant cependant qu'on le pouvait craindre, grace à la diligence avec laquelle les travaux ont été conduits dès l'année 1822. En 1823, la dépense eut peut-être été double.

Le radier du canal a été partout fondé sur le sol naturel, battu quelquefois ou déblayé à une plus grande profondeur, lorsqu'il ne présentait pas assez de consistance, afin de donner plus d'épaisseur au béton, comme en amont de la cinquième écluse, ou même pour avoir plus de hauteur d'eau dans quelques parties du grand biez. Les points les plus bas du plafond ont été choisis pour y établir les décharges de fond. Dans le premier bassin du premier biez, on a rempli, en maçonnerie de moëlons et de sable, de grands cavages que l'on a découverts en contrebas du radier.

Accidens survenus.

Lorsque l'on a introduit l'eau dans le premier biez du canal, au mois de mai 1825, il ne s'est manifesté d'abord aucun accident; quelque temps après, on reconnut en amont, rive gauche de la troisième écluse, l'avarie dont nous avons parlé plus haut, *page* 52, et qui a été promptement réparée.

La nouvelle introduction de l'eau dans les deux biez supérieurs, au mois d'août 1825, n'a produit aucun mauvais effet, non plus que celle qui a eu lieu dans le grand biez le 4 novembre suivant.

Jusqu'au mois de juin 1826, aucun indice de filtration ne s'est manifesté. À cette époque, des propriétaires de maisons situées dans les rues des Vinaigriers et des Récollets, se sont plaints d'avoir de l'eau dans leurs caves, ou dans des fouilles entreprises pour de nouvelles constructions. L'eau paraissant venir du deuxième biez du canal, on le mit à sec, et l'on découvrit en effet une fente dans le radier, qui s'était en partie affaissé de 10 à 20 centimètres. On a démoli cette partie du radier, et on s'est aperçu que les terres, sur lesquelles il avait été posé, avaient éprouvé un tassement sur environ 840 mètres superficiels. Le béton n'ayant pu résister à la charge de l'eau sur une aussi grande étendue, s'est brisé. Ce sol de mauvaise qualité touche immédiatement à une partie du radier, pour laquelle on avait pris le soin de déblayer à une plus grande profondeur et de remblayer en béton de sable. Cette partie n'a pas bougé, ce qui démontre que les précautions que l'on avait prises sur ce point étaient suffisantes, mais qu'elles n'ont pas été étendues sur une assez grande longueur en amont. La démolition du radier a fait connaître que le béton avait pris une consistance excellente, et même inespérée pour le peu de temps qui s'était écoulé depuis son emploi.

Une aussi grande partie du radier ne se serait probablement pas affaissée, si les premières filtrations n'avaient pas trouvé une issue facile par un puits anciennement bouché avec de mauvais madriers, à un mètre environ au-dessous du niveau auquel on avait établi le béton. On conçoit que les premières filtrations, en prenant leur cours, ont entraîné une partie des terres; ce qui ne serait point arrivé si les eaux fussent restées stagnantes sous le radier.

Les culées du pont fixe sur l'écluse en Seine ont été fondées, comme nous l'avons dit, sur de forts libages, à la même profondeur que les bajoyers de l'écluse dont ils font en quelque sorte partie. Les murs en prolongement des têtes de ce pont n'ont pas été fondés à la même profondeur: cela aurait beaucoup augmenté les difficultés déjà trop nombreuses de la construction de l'écluse en Seine en 1822. Ces murs, posés sur un terrain moins solide, ont éprouvé quelques tassemens qui, naturellement, les ont un peu dérangés de leurs directions. Le passage très-fréquent de voitures lourdes sur ce pont, dont le défilé est long et étroit, a contribué à ce léger mouvement des murs. On a remédié à ces accidens, en établissant des tirans en fer qui lient les deux murs entre eux sur différens points,

. Les murs de tête aval de la gare, fondés sur la glaise au moyen d'un sol factice en sable, ont éprouvé quelques petits mouvemens. Ceux de la tête amont, fondés sur un très-bon sol, en ont aussi éprouvé, mais de bien moins sensibles. On aurait mieux fait de donner plus de fruit à ces murs.

Matériaux employés.

. La pierre de taille provient des carrières de la plaine au sud de Paris, ou des bancs de roche de celles de Saint-Leu, près Chantilly.

: Les moëlons ont été tirés des carrières au sud de Paris ou de Créteil, Charenton, etc.

La pierre meulière a été choisie dans les meilleures carrières de la Seine supérieure. Il en est venu aussi quelques parties des environs de Versailles. Ces pierres meulières, destinées aux paremens des murs et aux pavages des radiers, ont été taillées avec le plus grand soin, ce qui a donné lieu à un grand déchet, et a déterminé à en faire préparer le plus possible aux carrières, quoique leur prix fût double de celui des meulières brutes. La compagnie a même fait venir de la Ferté-sous-Jouare des carreaux de meule de rebut qui ont été employés dans les endroits où la construction devait être faite très-rapidement, comme au radier du pont de la Bastille, ce que favorisait la grosseur de ces matériaux. Dans la partie supérieure du canal, on a aussi employé des carreaux de même nature, mais ceux-ci provenaient de Rouen; et sont arrivés au bassin de la Villette en remontant la Seine. Ils avaient été transportés anciennement de la Ferté-sous-Jouare à Rouen, et y restaient en dépôt. Destinés à être embarqués, ils avaient été rebutés, et leurs propriétaires ne voulaient pas les vendre à bas prix, dans la crainte qu'on ne les employât à leur préjudice, pour en faire des meules. Une fois, ils en avaient vendu à la condition d'en faire des constructions, qui avaient été exécutées, et qu'on avait démolies ensuite pour employer ces matériaux à faire des meules. Etant bien assurés que pareille chose n'arriverait pas au canal Saint-Martin, ils se sont décidés à les vendre à la compagnie. Jamais peut-être matériaux de cette nature n'ont fait de voyages aussi dispendieux, avant de trouver leur emploi.

Le sable a été extrait, en grande partie, de la Seine, ou des sablières de la barrière de Charenton. Le sable des carrières a paru préférable.

8

La chaux ordinaire a été fournie par les fours de Claye : elle est excellente ; cependant elle n'a été employée qu'à 20 centimètres au moins au-dessus de l'eau , et comme chaux grasse.

La chaux hydraulique, pour la plus grande partie, a été fabriquée au Champ-de-Mars ou à Meudon par les soins de M. Saint-Léger, qui a passé, à cet effet, un marché avec la compagnie. Son prix assez modéré, relativement à celui de la chaux de Senonches qu'on employait jusque là à Paris, a décidé la compagnie à en faire un emploi presque général. Lorsque les fours de M. Saint-Léger ne pouvaient suffire à la consommation journalière, on a employé de la chaux de Senonches.

La chaux de M. Saint-Léger prend plus vivement ; mais, au bout d'un certain temps, elle n'a pas autant de consistance que celle de Senonches. Il s'y trouve beaucoup de biscuits et d'incuits, ce qui n'a pas lieu dans la chaux naturelle.

La chaux a été éteinte en lui donnant de suite toute la quantité d'eau nécessaire, et les mortiers, fabriqués comme nous l'avons dit, ont tous acquis une très-bonne consistance, bien supérieure aux besoins réels, et qui doit augmenter tous les jours. Une plus grande perfection ne pouvait être à désirer : elle ne méritait pas un sacrifice d'argent ou de temps capable de compromettre un si grand travail.

Modifications apportées au projet primitif.

Les écluses ont été faites comme celles du canal de Saint-Denis, et ainsi que cela avait été prescrit par le devis général ; mais leurs chutes et leurs emplacemens ont été modifiés. On a augmenté la chute des deux premières qui sont accolées, afin de baisser le pavé du pont de Pantin de 1ᵐ. 00ᶜ., ou, pour mieux dire, de l'exhausser de 1ᵐ. 00ᶜ. de moins. Il a fallu aussi pour cela supprimer les chemins de halage projetés sous ce pont, afin de réduire sa largeur et de pouvoir, en conséquence, diminuer l'épaisseur de sa voûte à la clef.

Les 3ᵉ., 4ᵉ., 5ᵉ. et 6ᵉ. écluses devaient être isolées, suivant le projet. On les a accolées deux par deux, ce qui est sans inconvénient, puisque les deux premières devaient l'être nécessairement ; cela a procuré l'avantage de former des bassins plus grands entre les écluses. Il en est résulté quelques économies qui ont été compensées par la construction de deux ponts fixes en pierre, l'un dans la direction de la rue de la Butte-Chaumont, où il ne devait y avoir qu'une passerelle pour les piétons, et l'autre dans celle de la rue des Morts, où l'on ne devait faire qu'un pont mobile.

Les chutes des 5e., 6e., 7e. et 8e. écluses ont été modifiées par suite de la résolution qui a été prise de baisser le fond du grand biez de 60 centimètres. Cet abaissement maintient les quais du canal à 14 centimètres au-dessus de la plus grande inondation connue, celle de 1758, qui est de 90 centimètres, supérieure à celle de 1740, et a procuré l'avantage de poser le radier sur un sol plus consistant, qui avait été reconnu par des sondes. Il en est résulté aussi l'avantage de moins exhausser les ponts et de ne pas remblayer le sol des rues qui traversent le canal, ce qui aurait donné nécessairement lieu à de fortes indemnités envers les propriétaires des maisons voisines.

Le radier devait être fait en glaise avec un pavage en meulière par dessus, et les murs devaient être construits en partie en chaux ordinaire, avec un corroi de glaise par derrière. A ces constructions, on a substitué un radier en béton hydraulique, recouvert d'un enduit, et des murs entièrement construits avec du mortier hydraulique.

L'expérience a justifié l'emploi de ce moyen : les accidens qui sont survenus et que nous avons signalés ci-dessus, prouvent même en sa faveur. En effet, il n'y a eu de filtration que là seulement où le béton a été rompu, et il n'y a eu de rupture que sur deux points, quoique les radiers aient été surchargés presqu'immédiatement après leur achèvement. Tous les jours, les mortiers et les bétons prennent plus de consistance. L'eau des puits près des quais se maintient à son ancien niveau, bien au-dessous de celle du canal, et des fouilles faites récemment à six mètres de profondeur au-dessous de l'eau du canal, et à 5 mètres seulement des murs de quai, pour la construction de deux nouveaux branchemens d'égout, n'ont laissé apercevoir aucune filtration. Il n'y a donc à craindre que les cavages qui pourraient résulter de quelques infiltrations souterraines d'eaux étrangères au canal; mais, contre ce mal, si peu probable, aucun système ne pouvait donner plus de garantie, et aucun ne se prêtait aussi facilement aux réparations, que celui qui a été adopté.

Les hauteurs du radier de la 8e. écluse et du fond de la gare ont été fixées par une décision qui a modifié le projet primitif. On avait aussi proposé une modification tendante à mettre le busc d'aval de la 9e. écluse, à 80 centimètres au-dessous de l'étiage, hauteur du fond de la Seine; mais il a été objecté que le traité de la compagnie l'obligeait à le descendre à 1^{m}.32^{c}., et que les travaux d'améliorations à faire par la suite, pourraient exiger cette profondeur. On avait pensé que ces travaux tendraient plutôt à relever le niveau des eaux en temps d'étiage, qu'à creuser le fond du fleuve, et qu'un trop grand abaissement du busc de l'écluse en Seine donnerait lieu à des envasemens fréquens, à des dragages dispendieux et à des embarras pour la navigation. On s'est conformé à la rigueur aux termes du traité, et le busc a été placé à 1ᵐ.32ᶜ. au-dessous de l'étiage. Les fondations de l'écluse en Seine en sont devenues plus difficiles, surtout à cause des épuisemens, et l'inconvénient de l'envasement des portes s'est bientôt manifesté. On aurait dû faire, à la hauteur où l'on avait proposé de relever le busc en pierres, un faux busc en bois, sur lequel les portes seraient venues battre, en attendant que le fond de la Seine fût creusé, ce qui probablement n'arrivera jamais. C'est une mesure que l'on ne négligera certainement pas de prendre, quand on renouvellera les portes d'aval de cette écluse.

Les dispositions de la gare ont été changées. Au lieu de deux chemins de halage soutenus par des perrés qui auraient fait perdre beaucoup de place pour le stationnement des bateaux, on n'en a construit qu'un seul sur la rive droite, de quatre mètres de largeur, soutenu par un mur solidement maçonné en chaux hydraulique. Entre ce mur et celui d'escarpe passe l'égout, dans lequel la hauteur de l'eau diffère souvent beaucoup de celle de la gare. Cet égout est pavé en meulière sur une couche de béton, et voûté en plein ceintre. Il a 2ᵐ. 50ᶜ. de largeur à la naissance de la voûte. Le dessus est pavé en grès sur un massif de béton en mortier hydraulique.

La disposition des égouts a aussi subi des modifications importantes : une partie d'entre eux devait, en passant sous le canal près de la rue Grange-aux-Belles, verser leurs eaux dans le grand égout qui se jette dans la Seine au-dessous de Paris. Au lieu de cela on a construit un égout qui règne sur la rive gauche du canal, depuis la rue des Récollets jusqu'à la septième écluse, pour recevoir toutes les eaux qui descendent de Belleville, de Ménil-Montant, et de tout ce côté de Paris, et qui peut à chaque instant être lavé par des eaux dérivées du canal. L'ancien grand égout, dont la largeur est insuffisante depuis que la construction et le pavage de plusieurs nouveaux quartiers a augmenté la superficie du sol impénétrable aux eaux de pluie, a éprouvé un grand soulagement de cette dérivation d'une partie des eaux qui s'y rendaient naguères.

Le profil et le système de construction des égouts ont aussi été modifiés, afin d'obtenir sur chaque point le minimum de la dépense, en ayant égard à la quantité d'eau à évacuer.

Difficultés particulières.

Indépendamment des difficultés que l'on rencontre ordinairement dans les travaux hydrauliques, le canal Saint-Martin en a présenté d'autres qui sont propres à la localité et aux circonstances.

Ce canal devait être construit en quatre ans, et pour cela il a fallu faire l'acquisition des terrains sur lesquels il devait passer, en suivant toutes les formalités prescrites par la loi, en épuisant tous les degrés de juridiction, et en subissant tous les délais dont l'intérêt particulier sait si bien profiter, lorsqu'il espère obtenir, par l'importunité et l'opiniâtreté, les avantages auxquels il n'a pas droit. En un mot, il a fallu exproprier des mineurs et des gens accoutumés à spéculer sur les terrains, à une époque où la fièvre de ces sortes d'opérations était arrivée à son plus haut période : cette tâche difficile était celle de l'administration de la ville de Paris. Elle a été remplie avec un succès inespéré.

Il a fallu s'assurer des nombreux matériaux que nécessitaient les constructions, les faire déposer dans les rues de Paris, sur les places, souvent à des distances considérables du lieu de leur emploi, prendre toutes les précautions que la surveillance rigoureuse de la police exige pour la sûreté publique, placer des barrières, souvent volées ou détruites, des réverbères, une légion de gardiens, satisfaire à tous les intérêts particuliers qui se trouvaient contrariés par de si grands travaux, se rendre maître des sablières, en faire ouvrir de nouvelles, encourager l'établissement récemment formé pour la fabrication de la chaux hydraulique, entretenir les exploitations diverses, et notamment celles de la pierre meulière sous de nouvelles conditions, enfin traiter avec près de six cents fournisseurs et tâcherons qui ont tous un compte ouvert, séparé et bien distinct avec la compagnie concessionnaire du canal.

Il a fallu tout la sagacité des membres de la compagnie qui, dans leurs réunions fréquentes, et secondés par un conseil d'ingénieurs placés depuis long-temps, par leur savoir et leurs services, à la tête de leur corps, ordonnaient sans retard, et avec libéralité, les dépenses extraordinaires et imprévues. Il a fallu, nous ne craignons pas de le dire, un dévouement complet de la part des ingénieurs et de leurs agens, pour arriver à construire, en moins de quatre ans, un canal qui naguères paraissait encore une opération chimérique.

Le Conseil municipal et M. le Préfet de la Seine, qui d'abord ont conçu la possibilité de l'achèvement de cette grande entreprise dans un si court délai ; en ont aussi secondé l'exécution avec une bienveillance remarquable. Cet éloge ne peut être suspect, car il est journellement dans la bouche de ceux-là mêmes qui ont souvent éprouvé les effets de la surveillance éclairée de M. le commissaire du Roi, surveillance à laquelle ils n'ont pas échappé un seul jour.

NOTE

Sur la résistance absolue du Béton de sable.

Pour faire connaître la résistance du béton de sable, nous ne pouvons rien faire de mieux que de donner le tableau qui suit :

XTRAIT du Tableau des expériences faites à l'Ecole des Ponts et Chaussées, avec la Machine de M. PERRONET, *pour écraser des prismes de béton de sable, non contenus latéralement, les* 7, 10 *et* 15 *janvier* 1825.

NUMÉROS.		LONGUEUR.	LARGEUR.	SURFACE.	RAPPORT de la SURFACE au mètre carré.	POIDS commençant à faire fendiller		POIDS qui a écrasé		OBSERVATIONS.
						le Prisme essayé.	un mètre carré.	le Prisme essayé.	un mètre carré.	
		millim.	millim.	millim. carrés.		kilogr.	kilogr.	kilogr.	kilogr.	
1	Prisme tiré en 1825, des fondations faites en septembre 1824.	145	95	13,775	72	1,625	117,000	2,375	171,000	Encore très-humide.
2	Id.	90	70	6,300	158	500	79,000	550	86,000	Id.
3	Id.	110	70	7,700	129	875	112,000	1,000	129,000	
4	Id.	100	70	7,000	143	650	92,000	1,450	207,000	
5	Id.	120	75	9,000	111	700	77,000	1,050	116,000	
6	Id.	125	80	10,000	100	875	87,000	1,650	165,000	
7	Id.	115	80	9,200	108	750	81,000	1,000	108,000	
8	Id.	100	70	7,000	143	550	78,000	900	128,000	
9	Id.	130	70	9,100	110	875	96,000	1,000	121,000	
etc.										

La cinquième expérience est celle qui donne la moindre résistance, laquelle est cependant de 77,000 kil. par mètre superficiel. La largeur de la fondation en béton était 1^m,55.^{c} La résistance par mètre courant est de 119,350 kil. On la jugera même plus forte, si l'on considère que les fondations sont contenues latéralement. Des sondes ont fait connaître que les faces de ces fondations, appliquées contre les parois de la tranchée, avaient acquis au bout de six mois une très-grande dureté. Voici donc une résistance de près de 120,000 kilogrammes par mètre courant de mur, lequel ne pèse que 5,842 kil. ; on peut croire d'après cela que la résistance des fondations en béton de sable est suffisante.

TABLE.

www.ingramcontent.com/pod-product-compliance
Lightning Source LLC
Chambersburg PA
CBHW070943280326
41934CB00009B/2001